Hanna Ahrens

Lesebuch

Auf Reisen ist der Mensch ein anderer

Geschichten von unterwegs

BRUNNEN
VERLAG GIESSEN · BASEL

ABCteam-Bücher erscheinen in folgenden Verlagen:
Aussaat Verlag Neukirchen-Vluyn
R. Brockhaus Verlag Wuppertal und Zürich
Brunnen Verlag Gießen und Basel
Christliches Verlagshaus Stuttgart
Oncken Verlag Wuppertal und Kassel

Die Texte dieses Lesebuches sind folgenden Büchern entnommen:

Schenk mir einen Regenbogen
Feste, die vom Himmel fallen
Worte, die den Tag verändern
Die kleinen Hindernisse
Augenblicke des Glücks
Guten Morgen, Frau Pfarrer
Ein unaussprechlicher Zauber
Ich möchte über meinen Schatten springen
So ist das Leben

Die Deutsche Bibliothek – CIP-Einheitsaufnahme

Ahrens, Hanna:
Auf Reisen ist der Mensch ein anderer:
Geschichten von unterwegs; Lesebuch. –
Giessen; Basel: Brunnen-Verl., 1997
ABC-Team; 3971
ISBN 3-7655-3971-6
NE: GT

Umschlagmotiv: Thomas Vogler
Umschlaggestaltung: Ralf Simon
Satz: Rücker & Schmidt, Langgöns
Herstellung: Ebner Ulm
ISBN 3-7655-3971-6

Inhalt

Schenk mir einen Regenbogen
Ferien mit Bora und Mistral 5

Feste, die vom Himmel fallen
Wollen Sie mitfahren? 15 / Ein ganzer Sonntag in Athen 20 / Das Glück einer Reise 26 / Der Olivenbaum 28 / Wir sind wieder zu Hause 30 / Sieben Teile für Vater 33 / Ich war noch nie glücklich 37

Worte, die den Tag verändern
Schmetterling und Silbertaler 39 / Bittet, was ihr wollt 41 / Ein runder Feldstein 42 / Vier Worte nur 44 / Der Kaffee schmeckt anders 45

Die kleinen Hindernisse
Autoreifen und Aale 50 / Der schwierige Weg zum Erfolg 54 / Roberto Rocca 58 / Der fremde Gast 65

Augenblicke des Glücks
Unterwegs notiert 68 / Über den Wolken 70 / Ein Haus für die Ferien 71 / Sonne und schmale Wege 75 / Wenn ein Engel kommt 76 / Das Glück hat viele Gesichter 77

Guten Morgen, Frau Pfarrer
Wieder auf dem Schiff 83 / Island 94 / Polarmeer 98 / Spitzbergen 103 / Gespräche unterwegs 108 / Die kleine Holzkirche von Gravdal 113 / Wenn ich dich anrufe ... 116 / Eiswürfelzange und Briefe 119 / Der letzte Tag auf dem Schiff 122

Ein unaussprechlicher Zauber
Ein unausprechlicher Zauber 125 / Schwierigkeiten mit dem Schweigen 127

Ich möchte über meinen Schatten springen
Das fängt ja gut an! 131 / Das wäre ein Segen 132 / Wenn Sie duschen möchten ... 135 / Der Mantel des Propheten 137 / Und der Mangel ist Gewinn 139 / Guter Rat kann teuer werden 142 / Über die Kunst, nicht aufzufallen 143

So ist das Leben
Die zehnfache Kraft? 146 / Wozu Sicherheitsnadeln gut sind 147 / Nichts als Wolken 150 / Habgierig bin ich nicht – oder doch? 153 / Ein Lied, das mitgeht 156 / Nachts zwischen zwei und vier 158 / Ferienwünsche 160 / Dreimal Heraklion 163

Urlaub muß sein! 167 / Reisen ist schön 168 / Kleine und große Reisen 171 / Wie schön ist es, wieder zu Hause zu sein! 172

Ferien mit Bora und Mistral

Kaum im Auto, überkommt mich das Gefühl: Ich habe etwas vergessen!

„Das Gefühl hat man immer", sagt meine Nachbarin. Wenn ich nur wüßte, was! Diese Ungewißheit!

Ein paar Kilometer südlich des Elbtunnels sagt Micha: „Mammie? Hast du meinen Anorak?"

„Ich? Nein, wieso ich? Bist du denn ohne Jacke aus dem Haus gelaufen?"

„Ja."

Der Anorak also! Von da ab genieße ich die Reise in Frieden. In den Harburger Bergen fragt Isabelle zum ersten Mal: „Sind wir jetzt da?"

Um von diesem Thema abzulenken und weil es früher Morgen ist, schlägt mein Mann vor, etwas zu singen. „Wollt ihr trotz des Regens ‚Die güldne Sonne' singen oder lieber ‚Wie mit grimmgem Unverstand Wellen sich bewegen'?"

„Das kennen wir nicht", sagen die Kinder.

Ich kenne es auch nur, weil es das Lieblingslied unseres früheren Pastors war. Also: „Die güldne Sonne ..." Nach dem vierten Vers werden die Textkenntnisse spärlich. Ich lese noch den zehnten Vers:

„Willst du mir geben, womit mein Leben
ich kann ernähren, so laß mich hören
allzeit im Herzen dies heilige Wort:
Gott ist das Größte, das Schönste und Beste,
Gott ist das Süßte und Allergewißte,
aus allen Schätzen der edelste Hort."

„Das genügt", sagt mein Mann, „jetzt lies uns noch die Losung vor." Mit der Bitte um Bewahrung und das Gelingen unserer

Ferien schließen wir unsere Auto-Morgenandacht ab und fahren weiter in Richtung Süden. Rijeka ist unser Ziel; aber weil der Regen stärker wird und unsere Zelte trocken bleiben sollen, verbringen wir die erste Nacht in der Jugendherberge Ingolstadt.

Ordentlich verpackt bleiben also die Zelte zusammen mit vier Koffern, Eimer, Spaten, Bällen, Töpfen, Pfanne, Luftmatratzen, Schlafsäcken, Wolldecken und Zwischenzelt im Kofferraum. Alles hat seinen festen Platz. Ohne Strategie wären wir verloren. Aber auch mit Plan war es mir nach jedem Zelten ein Wunder, daß alles wieder hineinpaßte. Später kam sogar noch ein Wasserbehälter dazu. Anfangs ein faltbarer, der sofort ein Loch hatte. Dann wieder ein faltbarer, um Platz zu sparen, dessen Verschluß nicht dicht war. Dann erwarben wir einen 20-Liter-Kanister, den wir am Ende des Urlaubs nicht verkaufen konnten – was entweder an meinem Französisch oder am Objekt selbst lag – und der seine Rückreise mit uns aus der Camargue nach Hamburg machte.

Aber zunächst sind wir auf dem Weg nach Rijeka, denn hier – jenseits aller Atlantiktiefs – scheint die Sonne. Wir sehen sie allerdings nicht gleich; es ist bereits dunkel, als wir ankommen. So nehmen wir den ersten Campingplatz, der nicht ausgebucht ist, und fragen weder nach Preis noch Adria-Nähe.

Wir halten an, klappen den Kofferraum auf und ziehen die Zeltsäcke heraus. Sie rollen ein Stück. Die Kinder greifen nach ihnen. Zelten an einem Hang muß man können. Wir können es offenbar nicht. Es ist zu dunkel, um die Steine wegzusammeln und die Disteln rechtzeitig zu bemerken. Wenn man müde genug ist, stört beides nicht.

Als wir die Heringe in den steinigen Boden schlagen wollen, ist der Hammer, den wir ausgepackt hatten, nicht da. Auch Isabelle findet ihn nicht. Dänische Nachbarn borgen uns ihren. Unser Hammer liegt, wie wir am nächsten Morgen sehen, mitten unter unserem Zelt. Ein sicheres Versteck.

Endlich stehen die Zelte. Die Kinder haben angefangen, die Luftmatratzen aufzublasen. Wir überhören, daß sie sich davon schwindelig fühlen. Sie sortieren Schlafsäcke und Trainingsanzüge, trinken noch einen Schluck Saft aus der 2-Liter-Flasche im Auto und finden alles schön. Es ist ihre erste Zelttour.

In den Zelten legen wir uns so, daß die Füße abwärts zeigen. Wenn man sich an den Grasbüscheln festhält – oder was immer man durch den Zeltboden greifen kann – und sich gleichzeitig mit den Füßen an der Stirnwand des Zeltes abstützt, kann man eigentlich nicht mehr abrutschen. Schlafen kann man allerdings auch nicht. Ich jedenfalls nicht. Mein Mann und die Kinder schlafen.

Es ist sehr gemütlich. Die Zeltwände flattern im Wind wie die Segel eines Segelbootes. Segel können auch Sturm aushalten, unser Zelt nicht. Als gegen Morgen aus dem Wind ein Orkan wird, knicken die Zeltstangen ein, und der weiße Segeltraum sackt über uns zusammen. Zum Glück wird es schon hell, und so benutzen wir die Gelegenheit, um aufzustehen. Susanne war nachts aus dem kleinen Zelt – das mit Hannes darunter inzwischen flach auf dem Boden lag – zu uns gekommen und hatte sich mit ihrer Matratze oben quer gelegt. Aber das hatte nur bewirkt, daß wir alle noch ein Stück weiter nach unten rutschten.

Erfahrenere Camper hatten von vornherein darauf verzichtet, ihr Zelt aufzubauen. Sie legten sich unter die Plane, die sie rundherum mit Steinen beschwerten. Von außen betrachtet eine Mischung aus Rübenmiete und Hünengrab, aber ein sicherer, trockener Schlafplatz.

Gegen den Wind und gegen den Hang versuchen wir, die Schlafsäcke in möglichst enge Rollen zu wickeln und unsere Siebensachen wieder in den Kofferraum zu packen. Die Kinder schlafen im Auto weiter, und so verlassen wir – nachdem wir bezahlt haben – diesen Hügel mit Disteln und Steinen, Heuschrecken und Adriablick. Die Schaumkronen auf dem Meer – phantastisch schön in der ersten Morgensonne.

Wir brauchen neue Leinen und Heringe für das Zelt und heißen Kaffee für uns. Unten am Hafen fragen wir den Wirt, der Deutsch versteht: „Ist hier immer solch ein Sturm?“

„Sturm? Das ist kein Sturm! Das ist die Bora! Die Felsen da drüben: kein Gras, kein Strauch, das ist von Bora! Aber: Nicht von Bora reden, sonst geht sie nicht weg."

„Aha! Ist sie oft da?"

„Nein, ganz selten. Nur ein- oder zweimal im Monat."

Wir haben also gleich etwas ganz Seltenes erlebt. Soviel Glück hat nicht jeder.

„Wie lange dauert die ... dieser Wind?"

„Das kann man nicht wissen, leider!"

Also ist es wohl besser, wenn wir uns von ihr trennen. Wir fahren so lange in Richtung Süden, bis die Schaumkronen auf dem Meer kleiner werden. So kommen wir auf die Insel Pag nach Novalja. Es gibt einen Campingplatz. Gibt es auch freie Parzellen? „Es ist nichts abgeteilt, wenn Sie einen Platz finden, können Sie bleiben."

Wir finden einen ganz am Rande. Nicht unter Pinien, aber ebener, weicher Grasboden. Bei vollem Tageslicht schlagen wir die Zelte auf. Auch der Hammer ist da. Die nächsten Camper in erfreulicher Entfernung. Unsere Erholung kann beginnen. Das Meer glasklar. Ein schmaler, weißer Kieselstrand.

„Kein Sand?"

„Kein Sand! Werft Steine ins Wasser!"

Eine herrliche Bucht! So herrlich, daß mehr als 5000 Camper gekommen sind. Deswegen hat man zwei Sanitäranlagen geplant und auch fast fertiggebaut. Wenn man sie auf dem riesigen Gelände gefunden hat und sie erträgt, ist es gut.

Der Reiseführer äußert sich zurückhaltend über diese Einrichtungen und sagt: „Gelegentlich Wassermangel." Auch darin hat er recht.

Überall sind jetzt Sommerferien, und jedesmal, wenn wir zum Zelt zurückkommen, hat sich eine weitere Familie in unserer Nähe angesiedelt. Erstaunlich, welch kleine Lücken man für freie Zeltplätze hält. Allzu nahe Nachbarn begrüßen wir mit verwundertem Blick und sehen sie – eine Viertelminute – schweigend an. Wenn sie diesem Blick standhalten, dürfen sie bleiben. Fast alle schaffen es. Nur zwei Familien aus Husum mit Kindern und Koffer-Radios können wir dazu überreden, in eine andere Ecke umzuziehen. Dabei störte es uns eigentlich nicht, daß sie aus Husum kamen, sondern daß sie sich plattdeutsch und ohne Ende darum stritten, wer schuld an dem Loch in der Luftmatratze hat. Schließlich waren Ferien!

Jemand teilt uns mit, morgens um fünf hätte man eine Chance zu duschen. Aber da wir keinen Wecker haben, haben wir diese Chance nicht. Wir finden es besser, morgens früh quer über die Bucht zu schwimmen und dann über die noch kalten Steine am Strand zurückzulaufen. Danach ist ein heißer Kaffee herrlich. Ich genieße es besonders, daß mein Mann ihn zubereitet: türkisch; süß, ohne Filter.

Was Zeltnachbarn angeht, ändern wir unser Verhalten im Laufe der Zeit sehr. Sind sie erst einmal da, geben wir ihnen sogar etwas gegen Sonnenbrand, Trinkwasser für den Kaffee und übriggebliebene Tomatensuppe. Auch solche, die uns für unser Empfinden zu nah kommen, werden freundlich begrüßt. „Natürlich ist noch Platz!" Wir helfen ihnen – barfuß –, den Camping-Anhänger auf das Distelgelände zu schieben und mixen ihnen einen Saft. Wir haben uns offenbar an Menschen gewöhnt und die Sehnsucht nach einsamen Adriaständen aufgegeben.

Die Kinder sind unkompliziert und passen sich jeder Situation an. Gelegentliches Fieber und Durchfälle werden mit Tee und Salzkeksen behandelt. Weil wir so wenig wie möglich kochen, haben sie immer Hunger und essen alles. Niemand beklagt sich, daß es außer Nudeln, Suppen, Weißbrot, Pfannkuchen und Pfirsichen nicht viel gibt. Wir kaufen Wein und Softeis, man bekommt sogar eine Art Nutella. Damit ist das Ernährungsproblem gelöst. Nur zweimal bin ich drauf und dran, das Kochen ganz aufzugeben. Aber das ist erst später in Frankreich.

Wir sind über die Provence in die Camargue gefahren. Freies Camping direkt am Meer, aber dafür das nächste Trinkwasser elf

Kilometer entfernt. 10 000 Camper, Flamingos und Salzseen, Fische in den großen Wellen; man sieht sie gegen den hellen Himmel. Sonnenuntergänge – und wieder Sturm. Nein, kein Sturm, diesmal ist es der Mistral, wie unsere Nachbarn aus Marseille sagen. Es sei gut, daß der Mistral da sei. Ohne Mistral seien die Moskitos hier unerträglich. Wir haben also wieder Glück mit dem Wind.

Nur gelingt es uns trotz Sandgrube nie, das Wasser auf unserem kleinen Gaskocher bis zum Siedepunkt zu bringen. Auch der Versuch, Pfannkuchen windgeschützt in einem Kochtopf zu backen, scheitert. Ein anderes Mal – es ist in der Provence – braucht Micha Tee. Er hat Durchfall, verursacht durch Softeis, Pfirsiche und langes Baden in kalten Flüssen.

Ich setze etwas Wasser in einem Topf mit Deckel auf. Als das Wasser fast kocht, stolpert Susanne über diesen Aufbau, den ich im Windschutz einer Zeltecke sich selbst überlassen habe. Es geht ohne Brandwunden ab. Also: neues Wasser holen, neuer Versuch. Mittendrin bricht das Zischen des Kochers ab, die Gasbombe ist leer. Das passiert ja. Johannes schraubt eine neue Bombe an. Irgendwann – ich habe inzwischen Wäsche gewaschen und mich gesonnt – kocht das Wasser tatsächlich. Ich mache den Tee und lasse ihn abkühlen. Als er kalt ist, sage ich: „Micha!! Dein Tee!!“ Micha antwortet: „Ich mag keinen Tee!“

Aber – abgesehen vom Kochen haben wir viel Glück. Es gibt nur eine Regennacht. Unser Zelt ist zwar imprägniert, es regnet aber trotzdem durch. Es sprüht wie aus unendlich feinen Düsen auf unsere Gesichter. Was man zu Anfang als Erfrischung empfindet, wird bald lästig. Im Morgengrauen kriechen wir aus den Zelten und sagen – auf Trost hoffend – zu unseren Nachbarn: „Bei uns regnet es durch!“

„Ja, das ist so bei neuen Zelten, das erste Mal regnet es durch.“

Die anderen sagen: „Sprühregen? Bei uns schwimmen die Luftmatratzen. Das trocknet alles wieder!“ Aber wir wischen und trocknen, alles auf den Knien. Die anderen tun gar nichts. Sie sitzen in der Morgensonne vor ihrem Zelt und trinken Kaffee; eben so, wie man sich Ferien vorstellt.

Unsere holländischen Freunde reisen ab. Wir machen ihnen noch einen Kaffee mit Milch und Zucker und verabschieden uns herzlich. So werden wir immer beliebter. Vorher haben sie uns noch beschworen, in das Landesinnere zu fahren, zum National-Park und den Wasserfällen. Den Weg haben sie uns so eingehend mit Landkarten, Postkarten und Geheimtips beschrieben, daß wir es unrecht fanden, einfach nach Italien weiterzufahren. Wir versprechen, nichts auszulassen. Es ist auch Zeit aufzubrechen: Zwei Zelte haben uns den Adriablick verbaut, überall hängen Wäscheleinen. Lange Wartezeiten für Trinkwasser, nebenan brät jemand Fische, die er nachts gefangen hat. Ein junges Paar sagt: „Heiraten ist Quatsch!“ Ihr Zelt ist so klein, daß der Hund nicht mit hineinpaßt.

Wir fühlen uns wie in einem Flüchtlingslager. Also packen wir die Sachen ein, was im Grunde einfacher ist als aufzuräumen.

Zunächst fahren wir denselben Weg zurück: von der Insel auf das Festland, dann an der Adriaküste entlang. Anstrengend, aber schön. Auf einem Felsvorsprung eine kleine Kirche mit Glockenturm. Ich wünsche mir so sehr, anzuhalten und dort einfach eine Stunde zu sitzen, ohne zu reden, nichts zu tun. Es erscheint mir wie eine Stelle, wo sich Himmel und Erde berühren. Die Sehnsucht nach Ruhe und Gebet – aber wir sind schon vorbei und fahren über das steile Küstengebirge in Richtung Nationalpark und Postoina.

Der Park, bei dem wir auf Ursprünglichkeit und Urwald gehofft hatten, erweist sich als ein durchkommerzialisiertes Gehege mit Knüppelpfaden und einem regelmäßigen Wechsel von Forellenteichen (Angeln nur mit Schein!) und Andenkenläden. Menschenmassen schieben sich über numerierte Wege. Die Landschaft wäre sicher schön, hätte man nur eine Chance, sie zu sehen. Aber das geht nicht. Man wäre dann seinem Vordermann unweigerlich auf die Hacken getreten.

Die Höhlen mit dem berühmten uralten Fisch und dem unterirdischen Fluß in Postoina sind in der Tat überwältigend, aber auch sehr kalt. Alles Sehenswerte sieht und betritt man in Gruppen. Es ist uns eigentlich nie recht gelungen, uns vom allgemeinen Touristenstrom abzusetzen. Falls das in Europa überhaupt noch möglich ist, bedarf es dazu wohl originellerer Einfälle, als wir sie haben. Jemand sagt, in Finnland sei das noch möglich. Aber das ist uns zu weit.

Unsere Vorräte gehen langsam zu Ende. Shampoo haben wir längst nicht mehr; es geht auch mit Geschirrspülmittel, das ja gerade wegen seines Glanzes gepriesen wird. Meine Ledersandalen reibe ich mit einem Naturschwamm aus der Adria blank, auf den ich Sonnenöl träufele. Trotzdem fahren wir weiter nach Italien. Das ergibt sich sozusagen von selbst, wenn man der Straße folgt.

Wir kommen in die Gegend von Venedig: nach Punta Sabbioni. Wieder gibt es ein wildes Camping zwischen Weiden und Dünen. Das gefällt uns besser als die übervollen Plätze, die außerdem sehr teuer sind, weil zugleich Yoga, Discothek, katholische Messe und Bowling angeboten werden. Inzwischen können die Kinder ihr Zelt selbst aufbauen und die erschöpften Eltern auf Trinkwassersuche gehen.

Von einem eingefallenen Bunker in der Nähe holen wir ein paar Betonbrocken, die sich als Tisch und Stühle eignen. So vermeiden wir die kriechend-kniende Haltung, die sich mit der Zeit auch auf die Seele auswirkt. Aufrecht und frei sitzen wir und braten vorgefertigte Hamburger. Es gibt Nudeln – wie immer – dazu Wein und Milch. Das Glück ist vollkommen. Venedig, das man im Dunst über dem Meer mehr ahnt als sieht, liegt vor uns. Morgen oder übermorgen – keiner kann uns etwas vorschreiben – wollen wir mit dem Schiff hinfahren, damit den Kindern dieser Anblick von Kunst und Kultur, Geschichte und Reichtum nicht entgeht. Alles wollen wir sehen: Dogenpalast und Gemäldegalerie, Markusdom und Markusplatz – solange wir uns in der Hitze auf den Beinen halten können.

Wegen der Hitze und um zu sparen, haben wir Flaschen mit Orangensirup und Pfirsiche mitgenommen. Damit die Pfirsiche nicht noch matschiger werden, essen wir sie gleich am Morgen in einer Ecke auf dem Markusplatz, wo keine Tauben gefüttert werden.

Wir wissen zu diesem Zeitpunkt noch nicht, daß wir erst am Abend einen Wasserhahn zum Händewaschen finden werden. Überhaupt scheint ganz Venedig nur zwei Toiletten zu haben. Die Zahl dieser Einrichtungen steht in einem merkwürdigen Verhältnis zu den sonstigen Sehenswürdigkeiten. Wir verstehen dies als Hinweis, daß man zu solchen Zwecken eben Restaurants aufsuchen soll.

Wegen der Größe unserer Familie und der atemberaubenden Preise gehen wir in einen Schnellimbiß. Sechs Portionen Spaghetti: 18,– DM. Die Bedienung und das Abräumen gehen tatsächlich so schnell vor sich, daß es den Kindern nicht gelingt, ihre Coca auszutrinken; auch sonstige Vorhaben lassen sich dort nicht ausführen.

Überall Gruppen und Fremdenführer, Erklärungen in allen Sprachen. Eine Frau hält sich einen leise surrenden Handventilator vor das Gesicht. Venedig erleben und überleben! Ein Vater sagt: „Ne Erholung ist soon Tag nich!" Er spricht aus, was ich denke. Dankbar drehe ich mich zu ihm um.

Kunstwerke sind schön. Kirchen erhebend und zugleich schrecklich in ihrer Pracht, aber mit klebrigen Händen? Man sollte Venedig ohne Kinder besuchen, ohne Pfirsiche und Orangensaft. Vielleicht im Winter, wenn man etwas vom Mosaikfußboden des Markusdoms sehen kann.

Überhaupt wollen wir nächstes Mal manches anders machen. Wir brauchen weniger Kleidung, mehr Zeltausrüstung und einen Zeltboden, der sich in jeder Schräglage geradestellt. Wir brauchen einen kleinen Tisch und zwei Stühle, damit wir nicht wieder mitansehen müssen, wie entspannt andere in ihren Campingsesseln liegen, Kaffee und Radio vor sich auf dem Tisch, während wir vor unserem Gaskocher knien und warten, ob das Wasser nun kochen wird oder nicht. Ein Kocher, der kocht, wäre schön. Wir würden den Sandsturm in der Camargue – ich meine den so nützlichen Mistral – besser überstehen, weil wir den Sand zwischen den Zähnen ja mit heißem Tee wegspülen könnten.

Auch in die Provence werden wir wieder fahren: an unseren Fluß und zu der Pinie, in deren Geäst Micha einen besonders schönen Stein versteckt hat. Wir finden sie wieder, links von der Straßenbiegung war es.

Als wir nach diesen fünf Wochen wieder in unser Haus nach Hamburg kommen, erscheint es uns wie ein großer, grauer Palast mit vielen Räumen, alle rechtwinklig. Es gibt fünf Wasserhähne, Sanitäreinrichtungen, aber keine Flamingos und Salzseen, keine Reiher und Fische, keine Flüsse und Felsen, kein Meer und keine Kiesel.

Wir freuen uns schon auf unsere nächsten Ferien mit Bora und Mistral, vier Kindern und zwei Zelten.

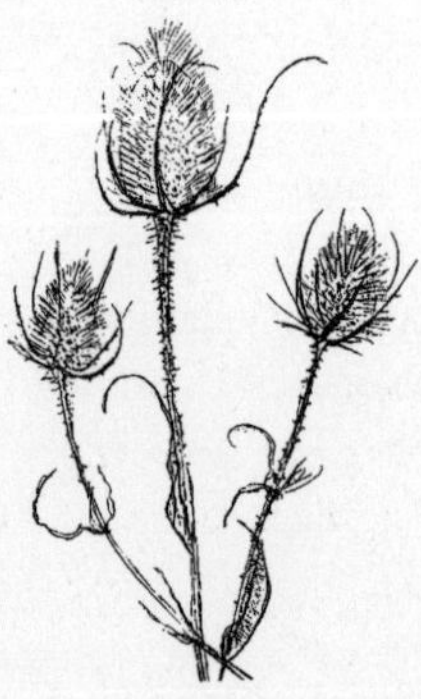

Wollen Sie mitfahren?

Ein wenig fühle ich noch Isabelles klebrige Hand, spüre Theos Abschiedskuß: „Bleib behütet!", dann rollt der Ferienexpreß aus dem Altonaer Bahnhof. Ich sehe die beiden noch da stehen, aber sie sehen mich nicht. Die Scheiben sind mit einer feinen Schicht überzogen, damit Hitze und Kälte und die Blicke der anderen draußen bleiben. Ich bin noch nie in solch einem Zug gefahren und zögere, mich auf die makellosen Plüschpolster zu setzen. Jetzt Hamburg Hauptbahnhof: die vielen Leute! Die Wartenden, Redenden, Rauchenden – ich bin von ihnen abgeschirmt. Der Alltag bleibt draußen. Aber ein wenig ist er noch in mir: Ob das Brot im Ofen nicht verbrannt? Ob die eben gepflanzten Büsche anwachsen? Ob die Kinder rechtzeitig zur Schule kommen?

Immer noch Hauptbahnhof. Ein paar Fahrgäste sind zugestiegen. Aber mein Abteil bleibt bis Hannover leer. Durch die halboffene Wagentür höre ich, was meine Mitreisenden reden: „Unsere Nichte kam gestern, Sie werden es nicht glauben ..."

Noch muß ich gar nichts glauben. Ich kann abschalten und die Augen schließen. Später auf dem Schiff ab Genua muß ich glauben und hören, was sie alle sagen, wenn mein Dienst als Pastorin auf dem Luxusschiff anfängt. Ein Dienst für zwei Wochen. Aber diese neunzehn Stunden im Zug sind wie eine Klausur für mich, hinter diesen Scheiben wie unter einer Glasglocke. – Jetzt wird die Musik eingeschaltet, französische Chansons, obwohl wir erst bei den Elbbrücken sind. „Speditionen täglich!" – Die Hafenarbeiter haben Mittagspause. Einer sonnt sich auf einer Preßholzplatte. Das geht schon. Auch in Hamburg wird es Frühling.

„Ich bin der Reiseleiter", sagt eine entschlossene Stimme, „ich hoffe, Sie sind zufrieden, gnädige Frau!" „Ja, danke!"

Als er Zeitschriften und Prospekte verteilt hat, setzt er sich in den Wagen 625 hinter uns zu den Künstlern; er rechnet sich zu ihnen. Fahrgäste zufriedenzustellen ist sicher eine größere Kunst, als ich ermessen kann. In einer etwas tieferen Schicht beteilige ich mich ja auch an diesem Versuch, dafür bin ich engagiert.

In Hannover steigt ein Ehepaar zu. Ich denke: So also wird „meine Gemeinde" aussehen. Aber sie fahren eine andere Route auf einem russischen Schiff.

Der Reiseleiter schiebt die Tür auf und fragt, ob ich bereit wäre, meinen Platz zu tauschen. So komme ich in ein Abteil mit drei alten Damen. Ich passe mich dem höflichen Reisestil an und stelle mich vor. Damit sind meine Privatferien zu Ende. Für die nächsten zweieinhalb Stunden höre ich von früheren Kreuzfahrten. Zum Beweis werden Fotos herumgereicht. Ich hätte es auch so geglaubt, und ich hätte meine erste Kreuzfahrt so gern selbst erlebt!

Dann mir zuliebe Themenwechsel: Unterschied zwischen katholischen und evangelischen Christen, aber wegen mangelnder Sachkenntnis nur kurz. Und von da ab: Altersheim. Siebzehn Jahre hat Frau Handrak aus Riga im Altersheim gearbeitet. „Man muß Herz haben, sonst is nuscht mit diese Arbeit!" Sie hat Herz. Aber dann sagt meine Nachbarin: „Schrecklich, diese Zustände! Sie haben keine Zeit, einen richtig zu waschen! Wenn man bedenkt, daß einem das bevorsteht! Schrecklich!" Sie ißt immer noch Bananen – mit Obstmesser und Serviette – und macht sich seit zwei Stunden Sorgen, ob sie wohl ein paar Scheiben Brot kriegt. Wurst und Käse hat sie mitgenommen, aber eben kein Brot. Das ist es ja!

Ich mag diese Stimmung nicht und sage ganz unpastoral: „Vielleicht haben Sie Glück, und Ihr Schiff kippt um, dann bleibt Ihnen das alles erspart!" Sie trinkt gerade Tee aus einem Plastikbecher und hätte sich fast verschluckt. „Das wäre entsetzlich", sagt sie, „ich werde doch noch gebraucht! Ich habe doch Verantwortung!" Diese Verantwortung ist ihr ganzes Leben. Dafür muß sie sich gesund erhalten. Wenn sie nur zwei Scheiben Brot kriegte!

Um den Rest meiner Ferienstimmung zu retten, gehe ich auf den Gang und gucke aus dem Fenster: Die Weiden sind schon so grün. Die Boote am Ufer noch zugedeckt, aber nicht mehr lange. Ich freue mich auf die warme Sonne in Griechenland und auf dem Mittelmeer.

Wenn ich denke, wie es zu dieser Reise kam! Vor drei Wochen wußte ich noch nichts davon. Ich fühlte mich so erschöpft und müde vom langen Winter und ging – wie alle zwei Jahre einmal – zum Internisten. „Ja“, sagte er, „Herz und Kreislauf sind in Ordnung, leichte Anämie. Was Sie brauchten, wären zwei Wochen Ferien und Sonne. Aber welche Kasse zahlt das?“

Erleichtert und ein wenig enttäuscht fuhr ich nach Hause – zehn Kilometer über die Stadtautobahn. Als ich die Tür aufschloß, klingelte das Telefon. Frau Willer fragte an, ob ich bereit wäre, für zwei Wochen als Pastorin auf einem Kreuzfahrtschiff mitzufahren, Route Mittelmeer. Sie konnte nicht ahnen, warum es mir die Sprache verschlug. Vor Schreck vergaß ich, mich für die freundliche Anfrage zu bedanken.

„Kann ich morgen zurückrufen?“ fragte ich.

„Es eilt“, sagte Frau Willer.

Theo und die Kinder fanden: „Du? Auf einem Luxusdampfer? Natürlich fährst du! Wir kommen schon für zwei Wochen zurecht!“

„Aber mich mußt du mitnehmen“, sagte Isabelle.

Und nun sitze ich im Ferienzug ohne Isabelle. Ich hatte Micha und ihr noch Zettel über ihre Betten gehängt: „Gute Nacht, mein Schatz!“ „Guten Morgen, meine Lieben!“ Und eine Überraschungstüte für jeden Tag baumelte an einer Leine quer durch das Zimmer. Darin waren Schokolade, Kleinigkeiten für alle, Ermutigungs- und Erinnerungszettel: Blumen mal wieder gießen! Fingernägel schneiden! Flöte üben! Hund bürsten! …

Und dann war ich losgefahren. Aber doch nicht, um zu hören, wie grauslich und entsetzlich Altersheime sind!

Irgendwann wird es dunkel, man wird sich schlafenlegen und in Genua aufwachen, denke ich. Hoffentlich träume ich nicht von Altersheimen!

Die Kurven der Schweizer Schienen sorgen dafür, daß ich weder träume noch schlafe; im Unterschied zu meiner Nachbarin, die – als sie sich das Haarnetz über den Kopf gezogen und Oropax in die Ohren gesteckt hat – die ganze Nacht schnarcht. Schnarchen muß erholsam sein; sie ist ganz erfrischt. Sie bekommt ihre zwei Scheiben Brot und ißt. „Guten Appetit!“, sage ich. „Ja, ja“, meint sie, „hoffentlich kommt es hin mit der Wurst und dem Käse! Da mache ich mir jetzt doch Sorgen!“ Zu diesem Zeitpunkt gehe ich wieder in den Gang.

In Genua ist es kühl. Frühmorgens ist es überall kühl. Nach einem langen Tag in einer Hotelhalle werden wir durch Zoll- und Paßkontrolle auf unser Schiff geschleust.

Jetzt kann meine eigene Kreuzfahrt beginnen. Sie beginnt mit Orangensaft und heißem Kaffee in der Abfertigungshalle. An der kleinen Bar stehen der Kapitän und der Oberzahlmeister. Wir begrüßen uns. Als ein Zeichen seines Wohlwollens fragt mich der Kapitän, zu welcher Kirche ich gehöre. Zur katholischen vielleicht? Sie haben noch nie eine Frau für diesen Dienst an Bord gehabt. Eine erfahrene „Kreuzfahrerin“, die danebensteht, sagt: „Ich werde mich nicht mit Ihnen anlegen!“ Sie hat ihr Versprechen gehalten. Wenn ich ihr auf dem Schiff begegnete und sie fragen wollte, was sie an der Kirche so enttäuscht habe, sagte ihr Blick: „Versuche nicht, mich anzusprechen!“ Gott hat seinen Weg und seine Zeit für sie. Ich kann für sie beten. Überhaupt scheint es in den ersten Tagen so, als könnte ich nur diesen stummen Dienst tun. Es gibt auf dem Schiff zwar einen Raum für Gottesdienste und Andachten, auch Kreuz, Kerzen und Gesangbücher, aber der Schlüssel dazu ist nicht auffindbar. Es ist nicht leicht, im übervollen Bord-Programm, zwischen Zaubernummern und Tanzmusik, Vorträgen und Ausflügen die Anliegen der Kirche unterzubringen. Einer sagt wohlwollend: „Wissen Sie, ich bin ja nicht so religiös, aber meine Frau, die interessiert sich schon mal für so etwas!“

Kirche und Christen als Hobby für Spezialisten!? Was soll ich hier? Tränen passen nicht zur Eleganz eines Kreuzfahrtschiffes.

„Herr, sie brauchen Dich nicht“, sage ich, „und mich erst recht nicht.“

Als wir Ajaccio/Korsika anlaufen, gehe ich nach einem Gang durch die Stadt in die Kathedrale. Sie ist fast leer. Durch ein hohes Fenster fällt Sonnenlicht auf eine Reihe von Stühlen. Ich setze mich. Es ist gut, einfach so dazusitzen und dazusein vor Gott. Neben mir liegt ein rotes Meßbuch. Ich schlage es auf und lese: „En tes mains je remets mon esprit ...“ – „In deine Hände befehle ich meinen Geist ... du hast mein Elend gesehen.“

Ich kenne diese Worte. Aber nun ist es, als ob Gott selbst sie mir gibt. Ich lese sie noch einmal, sie werden mein Gebet.

Ganz in Frieden gehe ich die Stufen der Kathedrale hinab, eingetaucht in die warme Sonne und in ein Glück, das mich trägt. Es liegt ja bei Gott, was er an Zeichen und Wundern tun wird. Ich kann warten.

Nach den Abendnachrichten habe ich dann über das Bordfernsehen im „Wort zum Sonntag“ gesagt, daß Gott mit uns redet, wann und wo er es will, aber immer so, daß sein Wort uns tröstet; vielleicht anders, als wir es gedacht haben. Aber alles, was uns beschwert, liegt nun bei ihm. Ich sagte: „Ich freue mich auf die Gottesdienste und Andachten mit Ihnen. Das ist der eigentliche Luxus dieses Schiffes, daß wir, die wir uns gar nicht kennen, zusammen singen und beten können, weil Gott seine Gemeinde in aller Welt hat.“

Gibt es dies, daß in unserer Geschichte mit Gott
die Zeichen sich verdichten? ...
Vielleicht gibt es Zonen unseres Lebens,
in denen die Verheißungen Gottes
und seine Erwartung sehr stark werden.
Vielleicht gibt es Stunden in unserer Geschichte,
in denen die Nähe Gottes
fast sichtbar wird in den Zeichen. –
Das Gespür haben für die Zeichen Gottes.

Für die Verdichtung seiner Zeichen.
Für die Zonen seiner Nähe.
Die Einübung: Auf die kleinen Zeichen achten,
die er immerfort gibt!
Herr, gib mir den Sinn für deine Nähe!

JOHANNES BOURS

Ein ganzer Sonntag in Athen

Das Schiff liegt an der Hafenmauer von Piräus. Auf dem Bootsdeck höre ich durch den Lärm der Ventilatoren und Maschinen die Glocken einer Kirche. Es ist Sonntagmorgen. Schnell ein heißer Kaffee, dann gehe ich los. Ohne Programm und ohne Begleitung. Die Sonne scheint noch nicht. Jemand gibt mir einen Stadtplan, ich stecke ihn ein.

Ein Stück weiter unten am Hafen, wo die Fähren zu den Inseln anlegen, eine griechisch-orthodoxe Kirche. In vergoldeten Buchstaben steht über dem Eingang: *limēn tēs psychēs ekklesia estin* – ein Hafen für die Seele ist die Kirche.

Der Gottesdienst hat gerade begonnen; bis an die Tür stehen die Menschen. Duft von Honigkerzen und Weihrauch im halbdunklen Raum. Langsam erkenne ich Ikonenwand und Bilder. Schöne liturgische Gesänge. Ich verstehe nur: „Christos“ und „Amen“. Kinder werden von ihren Müttern zum Priester getragen und bekommen mit einem Löffel das in Wein getauchte Brot. Einige gehen schon wieder und nehmen sich aus dem Korb am Ausgang ein Stück von dem weißen Brot mit. Es ist in große Würfel geschnitten. Ich zögere, aber die Frau, die den Korb hält, nickt mir freundlich zu. Man möchte auch Fremden dieses Brot geben; es ist gesegnet; es wird für alle reichen. So nehme ich ein Stück und zerbreche es in der Hand wie die anderen, die es draußen auf dem Platz essen und dabei reden. Eine Frau legt das Brot in ein zusammengefaltetes Kirchenblatt und nimmt es mit nach Hause – für die kranke Mutter vielleicht.

Ich gehe in den kleinen Park zwischen Hafen und Kirche. Alte Männer sitzen auf den Bänken in der Sonne. Einer läßt seine Kette mit bernsteinfarbenen Perlen durch die Finger gleiten.

Die dünnen Honigkerzen in meiner Tasche sind zerbrochen. Sie lagen auf dem Boden der Kirche. Halb abgebrannt hatte man sie weggeworfen. Ich hob sie auf. Immer die Sehnsucht, etwas mitzunehmen und festzuhalten, etwas von Gottes Gegenwart und Segen, von Lied und Gebet. Aber Segen – läßt er sich mitnehmen und bewahren? In einem Stück Brot, das einem Kranken zu Hause gegeben wird? Und Kerzen – lassen sie sich wieder anzünden? Kerzen, die während der Gebete im Gottesdienst gebrannt haben?

Hier draußen der starke Duft der Orangenbäume, das Gurren der Tauben, das nicht abbricht. Von der Straße her der gleichmäßige Autolärm und dazwischen das Rufen der Losverkäufer, hundert Lose an einer Stange. Neben mir das Violett und Orange der Levkojen und Cosmeen – mit allen Sinnen nehme ich diesen Morgen in mich auf; und alles dringt in mich ein, ich wehre mich nicht.

Die alte, schwarzgekleidete Frau, die am Ausgang der Kirche um ein paar Drachmen gebettelt hat, geht vorbei. Sie hat ihre Hand auf die Schürzentasche gepreßt, um nichts zu verlieren. Sie bewegt ihren Mund und geht mühsam in den viel zu großen Schuhen. Nur mit dem Stock kann sie gehen.

Ich bücke mich und hebe einige Früchte von den Sträuchern und Bäumen auf, ein paar Kerne, auch den kleinen Schößling des Pomeranzenbaumes; vielleicht wächst er an.

Jetzt läuten die Glocken der anderen Kirche, wenige hundert Meter entfernt. Als ich über die Straße gehen will, fragt mich ein Mann, ob ich Italienerin sei. Ich muß ihn enttäuschen. Er hilft mir, über die Straße zu kommen, und versucht ein paar Worte Englisch. Ich denke: Auch dies so etwas wie Segen, daß einer ein Stück mitgeht und mir den Weg zeigt?

Und da steht an den Stufen der anderen Kirche wieder die alte Frau. Sie blickt hinauf und entscheidet sich dann, unten zu bleiben. Ich habe dreihundert Drachmen in der Tasche. Damit will ich etwas für die Kinder kaufen, auch eine Karte für die S-Bahn und das Museum. Ich gebe ihr zweihundert; die Kinder werden es verstehen.

Als die Scheine in ihrer Hand liegen, sieht sie zu mir auf; sie faßt meinen Arm. Ich spüre ihre knochigen Finger durch meine dünne Jacke. Dann ein Schwall von Worten. Sie werden „Danke!" heißen und gute Wünsche sein. Die alte Frau sieht mir nach, wie ich die Stufen zur Kirche hinaufgehe.

Der Gottesdienst ist beendet. Die Kirche fast leer. Leere Kirchen gleichen sich; sie sind wie Museen. Nur der Presbyter ist noch da und der Priester. Er redet mit einem jungen Paar. Zwei Frauen in Schwarz mit blauen Schürzen stecken die übriggebliebenen Brote in Plastiktüten und gehen eilig nach Hause. Andere kommen jetzt noch hinein. Sie küssen den silberbeschlagenen Deckel der Bibel, die auf einem Pult am Eingang liegt. Eine Mutter hebt ihren kleinen Sohn hoch, damit auch er das heilige Buch küßt. Dann gehen sie umher und reden. Auf der linken Seite das große Bild des heiligen Nikolaus. An rosa und blauen Schleifen hängen viele kleine Blechplättchen mit eingestanzten Figuren. Männer und Frauen sind darauf, aber auch Augen, Herz, Beine oder kleine Kinder. Ich denke, sie bedeuten wohl: Gedenke an mich, du Heiliger! Ich frage den Presbyter, der Englisch versteht. „Es sind Geschenke", sagt er. „Die Menschen kommen und schenken dies dem Heiligen, weil er geholfen und an sie gedacht hat, weil er sie erinnern wird."

Die Bitte um Hilfe und der Dank sichtbar gemacht! Der Heilige hat geholfen und wird mich auch in Zukunft erinnern. Ich kann aufstehen und hinausgehen.

„Wo kann man diese Plättchen kaufen?" frage ich, so wie Touristen eben fragen.

„Nicht kaufen“, sagt er, „hier, sehen Sie!“

In einem Karton liegen all die messing- und silberglänzenden Tafeln.

„Bitte!“ sagt er, „wollen Sie Augen oder Knie?“

Ich denke: Knie wäre gut, entscheide mich aber doch für die ganze Person. Eine Frau nehme ich, eine junge Griechin mit rosa Schleife.

„Darf ich sie mitnehmen?“ frage ich.

„Mitnehmen?“ sagt er, „das nützt nichts. Sie müssen dies anbinden; hier, beim Bild des heiligen Nikolaus.“

„Ja, ich verstehe.“ Nach einer Weile gehe ich. Ich habe das Täfelchen mitgenommen, obwohl man so etwas nicht mitnehmen kann. Ich glaube nicht an Heilige. Aber ich glaube, daß ich meine ganze Person, mich selbst, festmachen muß bei *dem* Heiligen, bei Gott. Daran wird mich das Bild erinnern. Und es wird mich fragen, wofür ich danken möchte. Auch ich kann dann wieder aufstehen und weitergehen: Gott, der Heilige, wird an mich denken. Der Mann, der mich so freundlich über die Straße gebracht hat, steht immer noch da. Er hat auf mich gewartet. Er weiß: Touristen bleiben nicht lange in einer Kirche. Ich sage: „Vielen Dank! Aber ich möchte gern allein gehen.“ Er versteht es.

Ich gehe weiter am Hafen entlang, vorbei an den Fährschiffen: Herakles, Hektor und Zeus. Auf dem schwarzen Asphalt immer wieder Tauben, die kaum ausweichen.

An der S-Bahn-Station löse ich für zehn Drachmen eine Karte nach Monasterion und gehe zum Byzantinischen Museum. Ich will nur die Ikonen ansehen – alles anzusehen ist unmöglich. Und wie immer ist es das Gold, Rot und Braun dieser Bilder, ihre Wärme, die fasziniert. Bilder, die mit ihrem starren Ausdruck aber zugleich fremd bleiben.

Später kaufe ich ein paar Karten von den Ikonen. Vom „Letzten Abendmahl“ und die Darstellung, wie Abraham Engel bewirtet, ohne es zu wissen. Mein griechisches Kleingeld reicht nicht. Es ist Sonntag, die Banken sind geschlossen.

Da sagt eine Griechin neben mir: „Ich kann Ihnen Geld wechseln!" Wir reden und gehen ein Stück. Sie begleitet mich auf die halbe Höhe des Lykabettos, den Berg gegenüber der Akropolis.

„Am Ende dieser Stufen ist eine Bahn", sagt sie. Aber am Ende der Stufen bin ich schon fast oben. Es ist schön, zu Fuß hinaufzugehen in der warmen Mittagssonne. Nicht viele Leute gehen hier, nur ein paar streunende Katzen sehe ich. Immer wieder die gelben und blauen Blumen, die blühenden Büsche und steifen Agaven gegen den blauen Himmel. Unterhalb des Hügels Athen und Piräus – ein einziges graues Häusermeer.

Die Mittagssonne läßt den Marmor der Akropolis fast weiß erscheinen. Oben auf dem Hügel dann eine kleine Kapelle und ein Glockenturm. Die Tür ist verschlossen. Daneben auf einem Tisch Zettel und Kugelschreiber in einem Kasten, auch eine Opferdose. Wer seinen Namen auf diese Zettel schreibt, für den wird gebetet. Sein Name wird vor Gott genannt, dafür soll er ein Opfer geben.

Ich denke: Schade! Fürbitte und Dienst ohne Gegengabe wären schön, wären Sache der Kirche! Und warum ist die Tür verschlossen? Warum sind nicht einfach ein paar Holzbänke und ein Kreuz darin, Dinge, die niemand stiehlt? Ein Raum, wo man sitzen und beten kann?

„Die Katzen", sagt ein Engländer, „haben jetzt ihre gute Zeit. Die Touristen sind wieder da, da gibt es viele Abfälle."

In dem Café draußen bestelle ich einen kalten Sprudel und einen heißen griechischen Kaffee. Das bringt mich wieder zum Leben. Der Kellner, der vorbeigeht, sagt: „Buon giorno!" und zu den amerikanischen Touristen am Nebentisch: „Yes, please!?" Als ich durch und durch warm bin, gehe ich den Hügel wieder hinunter, ohne Eile. Ich habe noch Zeit, das Schiff legt erst abends wieder ab.

Auf dem Weg sehe ich ein kleines, neueröffnetes Museum, eine Privatsammlung. Auch hier Ikonen. Keine berühmten, immer wieder Georg, der Drachentöter, und an der Rückwand dann ein Bild von Jesus und der Samaritanerin. Sie hat ihren Krug auf den Brunnenrand gestellt. Jesus spricht mit ihr. Und nichts anderes sieht der Betrachter. Landschaft und Farben sind wie ein Kreis, der beide einschließt. Es gibt nur das Gespräch. „Wenn du wüßtest", sagt Jesus, „wer der ist, der mit dir redet, du würdest ihn bitten, und er würde dir Wasser geben. Lebenswasser, das zu einem Brunnen in dir wird, und du wirst nicht mehr dürsten ..." Und die Frau sagt: „Gib mir zu trinken!"

Ich kenne die Geschichte aus dem Johannesevangelium und kenne sie doch nicht gut genug. Nachher auf dem Schiff will ich sie lesen. Am Ausgang drehe ich mich um und gehe noch einmal zu dem Bild zurück. Ich möchte es so lange ansehen, bis ich weiß, daß es mir im Gedächtnis bleibt: die Handbewegung Jesu, wie er sich der Frau zuwendet. Und die Frau, die ihren Krug stehenläßt und hört, was er ihr sagt, die mißversteht und versteht und dann andere zu ihm ruft, die sich auf den Weg zu ihm machen. An dieses Gespräch denke ich, als ich mit der S-Bahn zurückfahre.

Auf dem Schiff sagt der Professor für Kunstgeschichte zu mir: „Was haben Sie gesehen? Das Byzantinische Museum? Ja, das muß man sehen ... und sonst? Das neue Museum?"

„Ja, die Ikonen. Eine besonders, die mit Jesus und der Samaritanerin."

„Sie ist unbedeutend. Was gefiel Ihnen daran?"

„Das Gespräch der beiden."

„Merkwürdig!"

„Ja."

Das Glück einer Reise

Morgens, ganz früh ist noch keiner auf Deck. Himmel und Meer haben noch die gleiche Farbe. Bald wird die Sonne aufgehen. Eine Taube kommt und setzt sich auf das Geländer, eine Ringeltaube. Ganz ruhig sitzt sie da.

„Eine Taube!" sage ich zu dem Mann, der jetzt anfängt, das Deck zu schrubben. „Die kommen immer!" sagt er. Also nichts Besonderes; etwas, das immer da ist.

Später dann das Frühstück. Der Zauberer, der sonst am Nebentisch sitzt, schläft noch. Zaubern ist anstrengend. Auch Professor von Walden und seine Frau schlafen noch. Ich genieße es, nicht reden und antworten zu müssen, sondern meine Hände an der Kaffeetasse zu wärmen und zum Fenster hinaus zu träumen, bis der heiße Kaffee mich ganz geweckt hat.

Inzwischen hat sich der Speisesaal gefüllt. „Ich komme hierher", sagt eine alte Dame, „weil ich hier nicht allein frühstücken muß. Ich finde es wunderbar, mit anderen zusammen am Tisch zu sitzen. Allein – da bring ich nichts runter."

Gegen Mittag kurz vor Malta durch alle Lautsprecher die Stimme des Kreuzfahrtleiters: „Die Einfahrt in den Naturhafen von La Valletta ist besonders eindrucksvoll ..."

Dann Musik, die das Vibrieren der Maschinen und Ventilatoren übertönt: „Amazing Grace, How Sweet the Sound ..."

Diese Musik, gerade jetzt! Kaum jemand hört sie neben dem Reden und Fotografieren an Deck. Aber für mich ist dies Lied wie ein Geschenk. Wir haben es oft mit unseren amerikanischen und australischen Freunden gesungen: „Erstaunliche Gnade, die selbst mich gefunden hat, dafür werden wir Gott immer loben ..."

Die Musik geht jetzt in Dudelsackvariationen weiter. Da höre ich eine Frau neben mir: „Ärgerlich ist das! Da habe ich mir doch gestern an den Agaven in Tunis die Strümpfe zerrissen!"

Ich gehe auf die andere Seite des Schiffes und frage eine alte jüdische Frau: „Was genießen Sie am meisten auf dieser Reise? Was ist der eigentliche Luxus für Sie?"

„Ach", sagt sie, „der Luxus hier, das ist doch nichts. Frieden im Herzen haben, das ist es. Aber wer hat das schon?"

Als das Schiff angelegt hat und wir auf den Bus zugehen, der uns über die Insel fahren soll, sagt eine Frau zu einer anderen: „Mein Altersheim ist sehr luxuriös! Wie ein Vier-Sterne-Hotel! Da wird einem alles abgenommen und gemacht, alles! Ob Sie Blumen oder Sekt wollen oder eine Frau, die Ihnen Gardinen länger oder kürzer macht, alles kann man haben. Da hab ich wirklich Glück!"

Ich denke: Das wäre mein Tod, wenn ich selbst nichts mehr zu machen brauchte.

Bedient zu werden – länger als zwei Wochen würde ich es nicht ertragen! Diese Felder auf Malta dagegen mit dem fast violetten Wundklee und den roten Mohnblumen dazwischen – das wünschte ich mir immer. Und was ich auf diesem Schiff auch genieße: Einmal abends um halb neun ins Bett zu gehen mit einem Buch und einer Tüte saurer Bonbons. Und dann einfach liegenzubleiben und einzuschlafen, ohne noch einmal die Zähne zu putzen.

Abends an Bord gehen wir nach den Nummern des Zauberers noch für ein Glas Wein in die Bar. Er setzt sich mit seiner Assistentin zu uns, und wir sagen: „Es war schön heute abend! Zauberhaft, wie Sie zaubern! Vielen Dank!" Er freut sich, und wir reden eine Weile. Später frage ich ihn: „Was ist schön für Sie an solch einer Schiffsreise, die Sie ja oft machen?" Ganz spontan sagt er: „Daß es Menschen gibt, die verstehen, was ich will – daß sich zwischen mir und den Zuschauern eine Verständigung ergibt, daß man sich unterhält und es nicht nur heißt: ‚He! Zauberer! Komm mal her!' und man seine Brieftasche und Uhr festhält. Ich bin doch kein Taschendieb! Der Luxus hier und der Reichtum? Was soll's? Die ihn haben, können nichts damit anfangen."

„Die eigentlich Reichen", sagt die Schweizerin neben uns, „sind Menschen, die glauben können. Glaubenkönnen ist der eigentliche Reichtum. Und Gott alles sagen können – das ist Glück."

Der Olivenbaum

Von Heraklion aus fuhren wir über die Ausläufer des Ida-Gebirges nach Phaistos. Im Mai ist Kreta noch ganz grün. Zu beiden Seiten der Straße blühen Anemonen und wilde Gladiolen. Und zwischen den Melonenfeldern und Weinbergen immer wieder Olivenbäume, die, selbst wenn sie blühen, unscheinbar sind. Ein einzelner Baum aber, irgendwo am Rande der Ruinen, ist faszinierend: die Wurzeln wie für alle Zeit der Erde verhaftet, der Stamm verwachsen und knorrig, ausgetrocknet von der Sonne. Hitze und Kälte haben tiefe Kerben und Narben in die Rinde gegraben, aber der Baum stand und wuchs. Er wurde abgeschlagen und trieb neue Zweige. Wie lange es wohl her ist, daß aus einem Olivenkern ein Keim zu wachsen begann? Die lehmige Erde unter dem Baum ist übersät von schwarzen, vertrockneten Oliven des Vorjahres.

„Ein gesegneter Baum ist der Olivenbaum", sagte die Frau, als sie uns die Ruinen der Kirche des heiligen Johannes gezeigt hatte. „Man mag ihn beim Ernten der Oliven mit Stöcken schlagen, er kommt immer wieder zum Leben. Er trägt Früchte, und von den Früchten wird alles gebraucht: Die Oliven werden gepreßt für das gute Öl, dann noch einmal gepreßt für das Kernöl, das man für Seifen und Salben nimmt, und die Restbestände werden getrocknet und verheizt. Selbst die Asche davon gebraucht man zum Düngen."

Ein „gesegneter" Baum!

Segen als die Kraft auszuhalten, auszuharren und wieder neu zu blühen; als die Kraft, die Gebeugte nach Schlägen wieder aufrichtet, so daß Früchte wachsen, die gebraucht werden, ganz und gar.

Segen als Lebenskraft von Gott – gibt es das in meinem Leben? Und wenn – kann ich sie sehen und wahrnehmen? Ich könnte mich ja täuschen! Ich könnte Glück und Gelingen, Freude und Liebe mit

Segen gleichsetzen. Und wenn all das fehlte, was dann? Vielleicht kann ich erst am Ende meines Lebens wirklich sagen, worin ich von Gott gesegnet war.

Segen – ein zu großes Wort für mich, so fand ich. Ich erschrak, als mich ein alter, fast blinder Mann kurz vor seinem Tod einmal fragte: „Hat dich schon jemand gesegnet?"

„Mich? Nein!"

„Dann knie nieder, damit ich dich segne."

Ich erinnere mich nur, daß ich ein wenig zitterte.

Es hat mich tagelang beschäftigt, ohne daß ich darüber sprechen konnte. Wie kam er dazu, gerade mich zu segnen? Aber eben das konnte ich ihn nicht fragen; er hätte auch wohl nicht antworten können. Und dann vergaß ich diesen Nachmittag.

Viele Jahre später stand all dies wieder vor mir, so als wäre es gestern gewesen. Ich spürte noch seine große, sehnige Hand, die auch ein wenig zitterte. Seine Stimme war klar.

Wo Gott uns segnet, da erschrecken wir, weil wir wissen: Segen – das wird etwas sein, was mich ganz und gar beschlagnahmt, so daß mein Leben nun dem gehört, der mich gesegnet hat. Es ist das Glück der Eindeutigkeit und die Angst: Was wird kommen?

Und wenn mich heute – zwanzig Jahre später – jemand fragen würde: „Hast du je etwas von diesem Segen gespürt?", würde ich ohne jedes Zögern antworten: „Ja, immer wieder!"

Nicht so, daß Gott mir immer alles gab, was ich für mein Leben zu brauchen meinte. Aber so, daß er mir Leben gab und ich alles hatte, was nötig war. Und mehr: Er selbst war da, wenn ich seine Nähe am meisten brauchte. Wo Gott selbst sich schenkt, kann vieles fehlen. Segen also: daß Gott mit mir redet und mich fragt: Glaubst du meinem Wort?

Und hieraus die Kraft zum Aushalten. Ob Früchte wachsen? Darüber muß ich nicht befinden. Gott sagt: „Glaube nur!" Und: „Segnet, weil ihr berufen seid, Segen zu ererben."

Segen ist mehr als das Glück, das „auf der Hand" liegt. Risse und Narben, Tränen und Schweigen gehören dazu. Jakob – gesegnet und gezeichnet – ist ein Hinkender. Es kann vieles fehlen, wo Gott selbst sich schenkt.

Und das Wunder immer wieder, daß Gott uns segnen will. Uns! Daß er immer wieder auf uns zukommt, uns in Lachen und Weinen segnet.

Wir sind wieder zu Hause

Nach sieben Jahren in Papua-Neuguinea sind wir wieder zu Hause – in Nordfriesland zuerst und später in Hamburg. Wie lange haben wir kein Plattdeutsch gehört! In dieser Umgebung fallen uns Worte wieder ein, auf die wir in der ganz anderen Welt Neuguineas nie gekommen wären. Gerüche, an die wir uns erinnern. Wenn im Spätsommer Jauche gefahren wird. Oder wie es in alten Bauernhäusern nach Äpfeln auf Hürden und Kaffee riecht, der gerade gekocht wurde. Und am Wegrand nach Klee und Schafgarbe.

Später gehen wir in das Schwimmbad. Es gibt Eintrittskarten, Marken, Schlüssel, Badekappen, Vorschriften und Zeitgrenze. Das alles ist ungewohnt, ebenso das abgegrenzte Becken mit dem Chlorwasser. – Anschließend dann zum Friseur. In Deutschland ist es besser, einen richtigen Haarschnitt zu haben. Bisher hatte ich allen das Haar geschnitten. Die Friseuse sagt: „Mit Föhnen acht Mark!", und als wir gehen: „Tschüß! Schönen Dank!" Ich denke: Wir sind wieder zu Hause!

Jetzt, so ansehnlich gemacht, besuchen wir Tante Else. Sie wohnt noch immer in der Schmiedestraße. Onkel Hans kommt aus der Werkstatt. Auf dem Tisch: Sammeltassen und Sahnetorte. Tante Else überschüttet uns mit Freundlichkeit: „Nein! So ganz unverändert! Daß ihr so schön heil zurückgekommen seid – welch ein Segen!"

Sie hat recht: Bewahrung ist nicht selbstverständlich – nur, wir hatten unser Leben mit Neuguineern, das so alltäglich geworden war, gar nicht als so gefährlich gesehen. Von Kannibalen, Moskitos und Schlangen wird hier viel mehr geredet als dort. Man stellt sich auf Gefahren ein, wie man es auch hier tut. Aber „so ganz unverändert" sind wir sicher nicht. Vielleicht liegt der Segen gerade in einer Geschichte, die verändert. Eine für Freunde und Verwandte freilich nicht auf den ersten Blick sichtbare Veränderung. Aber für uns selbst überdeutlich. Wir sind zu Hause; alles ist vertraut, aber doch fremd. Vertrautes sieht uns mit anderen Augen an als vorher.

Und was die Moskitos und Schlangen betrifft – wir waren ja nicht ständig darauf fixiert, sondern haben mit Menschen gelebt und gearbeitet, sind mit einigen von ihnen vertraut geworden.

Gegen Abend fahren wir an die Deiche. Bei dem Schild: „Nach den Högen" biegen wir rechts ein. „So heißt das schon, solange ich denken kann", sagt mein Mann, der hier aufgewachsen ist.

Dann sehen wir Schafe, immer wieder Schafe. Die ersten Drachen; es wird Herbst. Für die Kinder ist alles neu. Für uns ist es das Glück des Wiedersehens. Es lohnt sich, lange woanders zu leben, um diese Landschaft der Köge und Deiche, der Halligen und des Wattenmeeres wieder neu und wie zum ersten Mal zu sehen. Wir reden nicht viel. Diese Landschaft ist für die Augen da. Wir sehen und atmen und denken: Das alles gibt es auch und hat es all die Zeit gegeben. Wie konnten wir es vergessen?

Die Weizenfelder sind längst gemäht, es ist Mitte August. Aber weil so viele Ähren liegengeblieben sind, fangen wir an, sie zu sammeln ... Säckevoll könnte man sammeln. Warum tut es keiner?

„Was willst du damit?" fragte mein Mann.

„Ich weiß es nicht. Aber es kann doch nicht einfach so liegenbleiben! Die Ähren könnten wir in die Vase stellen, damit die Kinder sehen, wie Korn aussieht. Ich könnte eine Getreidemühle kaufen und hätte Mehl zum Brotbacken ..."

Als wir ein paar Tage später in Hamburg eine Wohnung ansehen und mittags auf der Reeperbahn schnell etwas essen wollen, kommen wir zu einer Wurstbude. Wir sagen: „Sechs Thüringer, bitte!"

Die Frau mit weißem Kittel und Haube sagt, als sie sich umdreht: „Brot bei?"

Wie oft sie das wohl fragt? Kürzer kann man es nicht sagen. Es fällt auch nur uns auf.

Ein Betrunkener bestellt zwei Tassen Kaffee. Er sagt: „Wasser, bitte!"

Die Frau sagt: „Is drin, muß ers durchlaufen!"

Er: „Kaltes Wasser!"

Sie: „Hab ich gern! Sonderwünsche!"

Er stellt das Glas auf einen Aschenbecher.

Sie: „Aufn Deckel setzen! Nich aufn Aschenbecher! Du bis vielleicht ein Herzchen!"

Der Mann gehorcht. Man sieht ihrem Gesicht an, daß es nicht viel gibt, was sie aus der Fassung bringen kann. –

Was uns auffällt: Niemand fragt uns etwas, und niemand bittet uns, von Neuguinea zu erzählen. Nur offiziell wird mein Mann sofort zur Berichterstattung eingeladen, zu Vorträgen und Diskussionen, problemorientiert. Die Familie nicht. Als ob wir nicht dabeigewesen wären. –

Auch Hilfe ist institutionalisiert. Bei einer Panne rufen wir den ADAC. Er kommt wirklich. Sehr schnell sogar. In Neuguinea würden wir uns an den Wegrand setzen und warten, bis jemand vorbeikommt, der das entsprechende Werkzeug hat.

Ein paar Tage noch sind wir an der Nordsee. Die Landschaft ist erholsam zurückhaltend. Nicht der tropische Überfluß, die von Schlingpflanzen überwucherten Bäume und der so undurchdringliche Regenwald. Leben ohne weiten Blick. Hier: der Wind und die

Weite. Es gibt Felder und Wege, Alleen; überhaupt: Bäume in einer Reihe, Pappeln meistens, vom Westwind gebeugt. Und Knicks. Nirgendwo sonst gibt es solche Knicks. Am Wegrand: niedriges Gras und kleine Blumen, gelbe und weiße, dazwischen Glockenheide. Wie lange haben wir keine Gänseblümchen und keinen Hasenklee gesehen! Wir, die wir Orchideen, Weihnachtssterne und Hibiskus in hohen Hecken hatten, das ganze Jahr über. Und Zinnien so hoch wie das Elefantengras.

Hier: der Zauber des Kleinen. Sogar den Nieselregen finden wir schön. Nieselregen und Kopfsteinpflaster. Die im Watt schiefliegenden Schiffe. Am Husumer Hafen steht ein Schild: „Aale, 100 mtr links" und „Scholle in Dill". „Was ist Scholle? Und was ist Dill?" fragen die Kinder. Wir sagen: „Wartet, gleich könnt ihr beides probieren!"

Sieben Teile für Vater

„Weckst du mich morgen fünf Minuten eher?" fragt Susanne.

„Warum denn?"

„Ich will vor der Schule noch den Schokoladenkuchen aus dem Kühlschrank nehmen und auf Vaters Tisch stellen."

„Vergiß nicht, eine ‚Süddeutsche' zu kaufen", erinnert mich Johannes, „dann hat Vater das Gefühl, wieder zu Hause zu sein."

„Ich kaufe sie mittags am Flugplatz."

Es ist Montagmorgen. Etwas später fährt auch Micha in die Schule. „Und ich?" fragt Isabelle. „Was soll ich machen, damit es schneller Mittag wird und Vaters Flugzeug kommt?"

„Fahre doch mit deinen Puppen spazieren!" sage ich ahnungslos. Sie bleibt lange draußen, aber das tut sie oft.

In der Vorfreude auf ihren Vater füttert sie alle Puppen mit Keksen, und als die Kekse gegessen sind, klingelt sie an den anderen Reihenhaustüren und bittet um neue. Das erfahre ich erst später. Auch ein Gebetbuch hat sie im Puppenwagen.

„Welches Gebetbuch?"

„Dieses hier!"

Sie zeigt mir ein kleines Neues Testament mit blauem Plastikeinband. Ein paar Seiten fehlen. Isabelle hat sie herausgetrennt und verschenkt.

„Weil doch Vater heute kommt. Damit sich die Leute auch freuen."

Es sind Teile des Hebräerbriefes, so ohne Zusammenhang wohl noch schwerer zu verstehen. Was soll ich sagen? Sie will ihre Freude mit anderen teilen, und außerdem brauchte sie Kekse! Das haben unsere Nachbarn sicher verstanden.

Eigentlich haben die Vorbereitungen für den Empfang ihres Vaters nach einer sechswöchigen Neuguinea-Reise schon vor zehn Tagen begonnen, und zwar mit zwei Bildern von Micha und Isabelle: dürrer Baum vor rotem Sonnenuntergang. Weil Micha alles Blau für den Himmel verbraucht hatte, wurde Isabelles Hintergrund braun. Leicht verstaubt stehen die Bilder nun da.

Als ich am Sonntagnachmittag Mehl zum Brotbacken aus dem Keller hole, finde ich Susannes Orchideen wieder, die sie dort aufbewahrt hat. Beinahe hätten wir sie vergessen.

Johannes will jetzt, in letzter Minute, noch Kaminholz sägen. Als er endlich dazu kommt, klingelt es an der Haustür. Unser neuer Nachbar steht draußen: „Ich wollte nur sagen ... es ist ja heute Sonntag ... und der Lärm im Keller ... muß das sein?"

„Der Lärm? Ach so, Sie meinen das Sägen? Nein, das muß nicht sein. Wir sind gleich fertig. Gut, daß Sie gekommen sind. Sagen Sie doch immer gleich, was Sie stört. Wie ist es zum Beispiel mit der Treppe? Hören Sie unsere Schritte?"

„Na ja, das ist ja so das übliche Geräusch. Das hören ja alle."

Wir unterhalten uns. Inzwischen ist Hannes tatsächlich mit dem

Sägen fertig. Das Holz ist gesägt, der Nachbar versöhnt. Vater kann kommen. Susanne geht noch ein letztes Mal am Tisch vorbei und prüft: „Sieben Teile hab ich für Vater“, sagt sie, „das meiste! So viel hat keiner!“

Ich denke: Sie wird gut schlafen. Aber sie sagt: „Ich weiß nicht, ob ich schlafen kann. Ich versuch es mal. Kommst du noch zum Beten?“

„Ja.“

Micha ist sicher: „Heute nacht schlafen? Wo Vater im Flugzeug sitzt? Das könnte ich nie!“ Nach fünf Minuten schläft er. Isabelle stopft Tiere und Puppen schon jetzt unter das Bett, damit das Aufräumen morgen früh schneller geht.

Es ist fast zehn Uhr. Das Brot im Backofen ist fertig. Die letzte Wäsche auch. Die sechs Frühstücksbretter – aus einem Baumstamm von unserer Buschstation in Neuguinea gesägt – lege ich mit auf den Tisch. Damit ich auch etwas habe.

Ich habe noch etwas: mein neues Buch und einen Zeitungsartikel. Fast wie Weihnachten!

Heute mittag kam ein Telegramm: „Looking forward to depart on schedule, love Theo.“ Er würde also planmäßig ankommen.

Noch einmal läutet das Telefon. Ein entfernter Verwandter ruft an. Er will wissen, wann Theo zurückkommt. „Der“, sagt er, „läuft noch so lange in den Tropen herum, bis er sich den Tod holt.“ Ich bin traurig und denke: Es gibt auch noch etwas Wichtigeres als die Sorge um das eigene Leben.

Und damit dieser Tag nicht mit Sägen, Backen, Waschen und Vorbereiten endet, lese ich noch einmal den 25. Psalm, der mir vom Gottesdienst heute morgen noch halb im Ohr ist.

„Nach deiner Gnade gedenke mein. Ich weiß, daß du gütig bist. Ich vertraue auf dich.“

Wie oft habe ich in diesen Wochen gesagt: „Herr, ich danke dir, daß wir beide, Theo und ich, in deiner Hand sind.“

Meine Zukunft ist – wie immer – Gottes Weg mit mir. Ich weiß das. Aber ich weiß nicht, ob ich das so sagen könnte, wenn mein

Mann einmal von einer Reise nicht mehr zurückkäme. Ich muß es ja nicht im voraus denken und wissen. Vertrauen für diesen Tag, das genügt. „Meine Augen sehen stets auf den Herrn", heißt es in der Mitte dieses Psalms.

Endlich ist es Montagmittag. Das Flugzeug der PANAM landet pünktlich.

„Da ist er!" ruft Susi. „Ich habe seine Jacke gesehen!"

Er taucht wieder unter in der Menge, die auf Gepäck und Zollabfertigung wartet. Dann ist er wirklich da. Er ist müde, aber gesund. Kein Koffer fehlt, kein Loch im Gepäck. So heil ist er noch nie zurückgekommen. Die zehn Kilometer Fahrt nach Hause, Rechtsverkehr wieder, und dann das Auspacken: frische Mangos und ein chinesisches Kochgerät; ein Steamboat aus Hongkong, das ich mir gewünscht hatte. Für die Kinder Tom-und-Jerry-Uhren, Körbe und Netze von neuguineischen Freunden, Wäsche und Bücher, Fotos, Notizen ... und dann wird der Vater an seinen Tisch gezerrt.

Was sind die Strapazen einer Reise verglichen mit solch einem Empfang?! Endlich: heiße Dusche und Kaffee.

Der Tisch ist leergeräumt, wir trinken unseren Kaffee zusammen.

„Wie schön, daß du da bist!"

„Ja, sechs Wochen sind lang."

„Wollen wir nachher Fondue essen, oder bist du zu müde?"

„Auf jeden Fall essen wir alle zusammen!"

Die Kinder freuen sich.

Sechs Teller, Gläser, Messer ...

Isabelle sagt: „Wieso sechs? Wir sind doch sieben? Frau Heydorn kommt auch! Ich hab sie eingeladen! Sie hat noch nie Fondue gegessen!"

„Isabelle ... heute?"

„Ja, sie kommt gleich."

Aber Frau Heydorn hat verstanden, daß dies unser erster Abend ist. Sie hatte zugesagt und ist dann doch nicht gekommen.

Das Essen dauert lange, weil es so viel zu erzählen, aber auch zu essen gibt. Zu solch einem Fest gehören Verschwendung und Außergewöhnliches. Am Schluß gibt es die Mangos. Ich habe schon fast vergessen, wie man Mangos ißt, ohne daß der Saft bis an die Ellbogen läuft.

Es gibt griechischen Wein und Eis. Irgendwann sind die Kinder aber doch satt und müde. Morgen ist Schule. Sie werden verschlafen sein. Aber was macht es? Ihr Vater ist wieder zu Hause.

Ich war noch nie glücklich

„Und dies ist das Tor der Glückseligkeiten", sagte die türkische Fremdenführerin, als sie uns den Topkapi-Palast von Istanbul zeigte. Das Tor selbst ist grau und eigentlich eher häßlich. Aber wer hindurchgeht, kommt in einen Rosen- und Blütengarten mit einem weiten Blick auf den Bosporus und das Marmara-Meer, auf die große Hängebrücke, die Europa und Asien verbindet. Am Rande des Gartens dann die Schatzkammern, voller Kostbarkeiten und Reichtümer, unermeßlich und unfaßbar. Intarsien, Gold und Edelsteine wie in den Märchen von Tausend-und-einer-Nacht.

Zu den Glückseligkeiten des Sultans gehörten an warmen Abenden Tee und Opium, Wohlgeruch und Wohlgeschmack, Pracht und Überfluß, Musik und Frauen.

Ich dachte: Was würde für mich zur Glückseligkeit gehören? Oder sagen wir: zum Glück meines Lebens?

„Glückseligkeit?" sagte eine Frau neben mir. „Ein bißchen Glück wäre schön! Ich war noch nie glücklich in meinem Leben."

Ihr Satz traf mich wie ein Schlag.

„Sicher", sagte sie, „solch eine Reise, das ist schon etwas. Man sieht sehr viel. Aber Glück? Glück kann man nicht machen, auch nicht kaufen. Zum Glück gehört jemand, der mich gern hat. Ich meine so, daß er alles für mich täte. Dann brauchte ich keine Blumen und keine Sonne, verstehen Sie!"

„Ja."

Ich sah den großen Lapislazuli an ihrem Finger, den sie sich in Istanbul gekauft hatte, weil er gerade günstig war. Eigentlich brauchte sie keine weiteren Ringe. Und ich dachte an den Lapislazuli, den mein Mann mir in Indien gekauft hatte, und an die Geschichte, die dazugehörte ... Wir gingen nebeneinander her.

„Warum sagen Sie nichts?" sagte die Frau.

„Ich kann nichts dazu sagen. Sie haben recht. Liebe – das wäre Glück. Geliebt zu werden und lieben zu können – aber das kann keiner machen. Das einzige ..."

„Ja?"

„Das einzige, was wir tun können, ist Gott sagen, wie sehr wir leiden und uns solch ein Glück wünschen. Er hört, was wir ihm sagen. Er sieht ja unseren Weg und kennt unseren Kummer. Mutter Teresa hat einmal gesagt: ‚Gott liebt die, denen er das meiste schenken kann, die am meisten von ihm erwarten ... die ihn am meisten brauchen ...'"

„Sagen Sie das noch einmal!"

„Es steht in einem Taschenbuch. Ich gebe es Ihnen nachher."

„Ich werde es lesen – heute nacht. Warten Sie! Ich will dieses Tor der Glückseligkeiten noch einmal fotografieren. Schließlich bin ich hindurchgegangen und: Wer weiß? Ich meine, wenn Gott gerade mich liebt, dann wird er mir ja geben, was ich brauche. Ich will nicht viel. Ich möchte nur einmal glücklich sein."

Schmetterling und Silbertaler

Wir waren ihre ersten Touristen. Sie hatten renoviert und tapeziert: Zwei kleine Räume gab es in dem winzigen Holzhäuschen, auch eine Speisekammer. Das für Schweden typische, große, runde Knäckebrot stand dort, Fischfrikadellen, Pfeffer, Salz und Öl. Alles war neu: die Plastikdecke auf dem Küchentisch, die Gardinen, das Brotmesser und die tiefblaue Emaille-Kaffeekanne. Ich weiß nicht, weshalb, aber gerade diese Kanne gab mir, als ich sie in die Hand nahm, das Gefühl: Jetzt sind Ferien!

Um das Haus herum blühten Akelei und wilde Rosen, Lupinen und Kaiserkronen – und der Lonnen-See ganz nahe, gleich am Ende der großen Koppel. Wir freuten uns auf die drei Wochen, die vor uns lagen, die Ferien konnten beginnen.

Sie begannen damit, daß – als wir abends zu sechst am Küchentisch saßen – eine Fliege sich nicht abweisen ließ. Sie gehörte zu diesem Bauernhof, kein Zweifel.

„Wozu haben wir unseren Mückenschocker?!" meinte Johannes. „Vielleicht vertreibt der Summton auch Fliegen."

Die Fliege setzte sich auf das kleine Gerät und rieb sorgfältig, ganz ohne Eile, die Hinterbeine aneinander. Sie fühlte sich wohl.

„Sie muß taub sein", sagten wir, „wo ist die Fliegenklatsche?"

„Wieso?" meinte Micha. „Ihr habt doch mich! Ich fange Fliegen immer mit einer leeren Streichholzschachtel. Wo sind die Streichhölzer?"

„Im Küchenschrank!"

Aber schwedische Fliegen werden bei kleinen Schachteln mißtrauisch. So schlug Micha zuerst mit der flachen Hand, dann mit einem Bratenwender nach ihr. Dabei fiel zwar nicht die Fliege, aber der Vorhang zu Boden. Micha ebenfalls, da der Stuhl umkippte. Seitdem haben wir die Fliege nicht mehr gesehen. Ich denke, es war ihr zu laut bei uns.

Der nächste Tag war Michas neunter Geburtstag. Er war früh

wach. Ich auch. So standen wir beide auf und deckten draußen den Frühstückstisch.

Bis das Kaffeewasser kochte, saßen wir auf der alten Holzbank in der Sonne. Neben mir die großen Stauden der Silbertaler. Ich sammelte die gelbgrünen Eier eines Kohlweißlings von einem schönen Blatt. Micha war bestürzt: „Mammie?!! Was machst du da? Du machst die Eier kaputt! Da sind Raupenbabys drin. Und da sitzt der Schmetterling, die Mutter, und guckt zu!"

Er nahm das Schmetterlingsweibchen auf die Hand, ganz vorsichtig; es legte noch ein Ei. Micha konnte es nicht fassen, er war überglücklich: „Guck mal! Es hat ein Ei auf meine Hand gelegt! Auf der ganzen Welt gibt es bestimmt keinen, der das erlebt hat! Wo tun wir das Ei jetzt hin?"

„Wir setzen es mit dem Schmetterling auf die grünen Blätter da drüben beim Holzstapel."

„Guck mal, sie legt noch mehr Eier!"

„Sie legt die Eier gleich da ab", sagte ich, „wo die kleinen Raupen nachher was zu fressen haben und leben können."

„Ja", sagte Micha, „sie macht es wie der liebe Gott mit uns. Er gibt uns auch alles, was wir zum Leben brauchen, nicht?"

Ich nahm Micha in die Arme. Ich hatte ihm meinen alten Kassettenrecorder zum Geburtstag geschenkt; sein Geschenk war größer. Er hat mich an etwas erinnert, das ich immer wieder vergesse: daß Gott weiß, was ich brauche, und mir geben wird, was für mein Leben gut ist.

In den Gütern gibt Gott das Seine. Wenn er uns in seiner Gnade ansieht, gibt er sich selbst. In den Gütern empfängt man seine Hand, im gnädigen Angeschautwerden sein Herz.

Martin Luther

Bittet, was ihr wollt

Ich weiß nicht, ob es Ihnen auch so geht, aber ich erhoffe mir für den Urlaub nicht nur gutes Wetter und Erholung, sondern immer auch etwas Besonderes. Ich meine etwas, das mir neue Freude und neuen Mut gibt, neue Ideen und Einsichten. Müssen so große Erwartungen nicht enttäuscht werden?

Jesus sagt: Bittet in meinem Namen, bittet, was ihr wollt, und es soll euch widerfahren!

Was ich Gott zutraue – sollte er es mir nicht geben können? Ich kann nicht anders leben, als immer wieder Neues und Großes von Gott zu erwarten.

Der Himmel bewölkte sich. Zum Baden war es zu kalt, das Schlauchboot hatte ein Loch. Die Blaubeeren waren noch nicht reif. „Machen wir einen Kulturtag!" sagten wir. Das hieß: Ansehen von Sehenswürdigkeiten, die die kleineren Kinder nicht ansehen wollten und die größeren halbwegs – aus Höflichkeit.

So kamen wir auf der Fahrt durch Mittelschweden in die Gegend von Örebro nach Glanzhammer. Dort gab es nicht nur eine altgermanische Tingstätte, Hünengräber und gut erhaltene Runensteine. Wir sahen uns auch das buntgemalte Deckengewölbe der alten Kirche an: Szenen von der Schöpfung, vom Leben und Sterben Jesu. Über einem Bogen das Bild eines Mannes, der in den „Block" gelegt war. Mittelalterliche Folter. Angekettet an die große Steinplatte, die auf seinen Beinen lag, saß er da; er konnte kaum eine Hand bewegen. Und auf dem großen grauen Stein stand in weißen Buchstaben, gerade noch lesbar: „Spes unica – Christus", „die einzige Hoffnung – Christus!"

Dieses Bild fiel in mich hinein, ich hatte es noch lange vor Augen, als wir wieder im Auto saßen, und auch in den folgenden Tagen. Ich sehe es noch. Dieser gefolterte Mann, ohne Möglichkeit, sich selbst zu helfen, hofft auf Christus, daß er das Wunder tut und ihn befreit.

Das ist so sehr meine Situation. All das, was mich fesselt und gefangenhält, fasziniert und blendet, niederdrückt und lähmt, was wie ein schwerer Stein auf mir liegt ... Und auf dem Stein selbst steht „Christus – meine einzige Hoffnung".

Es steht nicht vor mir als ein Ziel, sondern ist eingemeißelt in die Last und Fessel meines Lebens, und die Ausrichtung auf Christus wird meine Befreiung sein. Die Last, die ich abwerfen möchte, wird wie eine Tür zu ihm. Er ist mir so nahe wie meine Last, und er ist mächtiger. Er schenkt sich dem, der auf ihn gehofft hatte, damit er immer wieder nur auf ihn hofft – und immer wieder befreit wird.

Den Elenden wird er durch sein Elend erretten und ihm sein Ohr öffnen durch Trübsal. So reißt er auch dich aus dem Rachen der Angst in einen weiten Raum, wo keine Bedrängnis mehr ist. HIOB 35,15-16

Ein runder Feldstein

Eine Weile schon war ich am See entlang gegangen, als vor mir auf dem Weg ein ganz gleichmäßig geformter Stein lag. Unwillkürlich hob ich ihn auf. Er war nicht ganz rund, eher oval, gerade so groß, daß er in meine Hand paßte. Ein grauer Feldstein, die Oberfläche rauh und körnig. Ich hatte ihn gern in der Hand.

Und während ich weiterging, rief er mir ein Wort in Erinnerung, das ich vor kurzem gelesen hatte, ein Wort Gottes an Abraham: „Wandle vor mir und sei ganz!" Dieser Stein und dieses Wort – für mich gehörten sie zusammen.

Wie sehr liebe ich diesen Vers! Und wie weit bin ich von ihm entfernt. Vollkommensein, Ganzsein, Vollendung? Am Ende eines langen Lebens mag es so sein. Aber mitten auf dem Weg? Ich sehe in meinem Leben so viel mehr die Risse, Narben und Verletzungen, all das Unvollkommene.

Fast tröstet es mich, daß ich jetzt auf der Rückseite des Steins eine kleine Vertiefung spüre, gerade so groß, daß eine Fingerkuppe hineinpaßt. So kann ich ihn gut halten, und wenn ich den Finger darüberlege, ist mein Stein ganz vollkommen. Und ich weiß: So legt Jesus seine Hand auf all das, was bei mir unvollkommen ist, auf meine Wunden und Verletzungen. Er vergibt und heilt. So bin auch ich in Gottes Augen vollkommen.

Bei dem Stein und dem Finger ist es ein kleiner Betrug. In meinem Leben ist es wahr: Ich darf mich selber so sehen, wie Gott mich um Jesu willen sieht: ganz rein und ganz makellos. Erlöst von dem Zwang, selbst etwas Vollkommenes aus mir zu machen. Ich muß mich nicht verstecken.

„Gehe einher vor meinem Angesicht und sei ganz!“ Ganz offen und aufgedeckt kann ich vor Gott leben und zulassen, daß er die schadhaften Stellen heilt. Daß er mich heilt.

„Heile du mich, so werde ich heil,
hilf du mir, so ist mir geholfen!“ (Jeremia 17,14)

Der Stein – auf meinem Schreibtisch nun – sagt mir, daß Gott es ist, der mein Leben heil macht und als etwas Ganzes ansieht – auch wenn ich immer nur Stückwerk sehe. Dies zu glauben, fällt mir schwer. Ich will es glauben. Und ich will daraus leben.

„Herr, du verachtest mich nicht,
laß mich nie jemanden verachten!
Herr, ich möchte, daß mein Leben dir ganz gehört.
Ich möchte immer mehr nur dies eine.“

Es ist nicht auszudenken, was Gott aus den
Bruchstücken unseres Lebens machen kann,
wenn wir sie ihm ganz überlassen.

Blaise Pascal

Vier Worte nur

Wir hatten ein Ferienhaus am Faaker See gemietet. Es war Herbst, und es regnete. Ehrlich gesagt, es regnete schon den vierten Tag. Aber wir blieben. Einmal würde es ja aufhören!

Es hörte nicht auf. Nur über Mittag war es trocken. In der Zeit pflückten wir Blumen, die noch blühten: Klee und Herbstastern, Gräser und Schafgarben, und ich setzte mich an den Tisch und malte. Langsam und sorgfältig – es waren ja Ferien. Die Kinder holten ihre Farben und malten auch. Isabelle fand es leichter, einen Briefkasten zu malen als roten Klee, und mit ihrem Acht-Wochen-Schulwissen und unserer Hilfe schrieb sie: „Post" darauf.

„Das ist eine gute Idee!" sagte Susanne. „Wir könnten ja richtige Briefkästen machen ... aus Streichholzschachteln und Zigarettenschachteln ... aber wer schreibt uns Briefe?"

„Wir schreiben sie uns gegenseitig!" sagte ich.

„O ja! Schreibst du mir wirklich? Einen richtigen Brief?" –„Ja!"

„Ich schreibe dir auch!" sagte Vater.

„Dann machen auch wir Briefkästen", entschieden Micha und Isabelle. Nur Johannes las weiter in seinem Buch, er hatte nichts gehört.

Die Postkästen waren klein. Umschläge und Briefe mußten noch kleiner sein. Höchstens vier Worte konnte man schreiben: „Du bist mein Schatz." – „Dein Bild ist schön!" – „Wollen wir schwimmen?" – „Möchtest du Eis?" – „Soll ich dir vorlesen?" – „Ich hab dich lieb." – „Morgen geht's zur Burg!" – „Da ist eine Schatzkiste!"

Ich kann nicht sagen, ob der Regen an dem Tag aufhörte, wir achteten nicht darauf. Das Briefkastenspiel aber ging weiter, auch als wir schon zu Hause waren. Nicht immer, aber manchmal steckt ein Brief im Kasten, morgens, wenn wir aufstehen. Und wie schön ist es, einen Brief in der Tasche zu haben, in dem steht: „Ich habe dich lieb!"

Gottes Worte und Zusagen sind solch ein Brief an uns. Er möchte, daß wir ihn lesen und bei uns tragen wie einen großen Schatz. Er möchte, daß wir ihm glauben, wenn er sagt: „Du bist wertgeachtet in meinen Augen!" „So fürchte dich nun nicht!" (Jesaja 43).

Das Wunderbare an der Liebe des Glaubens kommt nicht aus noch so hohen Grund-Sätzen, sondern aus dem Glauben an das Angeschautsein – „Da schaute ihn Jesus an und liebte ihn" (Markus 10,21). Nicht die Erinnerung nur an diesen Jesus und die Einzigartigkeit seiner Liebeshingabe kann mich in der Schwebe des Lebendigen halten und das Wunderbare an der Liebe erwecken, sondern der Glaube, daß dieser Dialog der Liebe zwischen ihm und mir ein lebendiger ist: „Da schaute ihn Jesus an und liebte ihn" und „Liebst du mich?" (Johannes 21,16).

JOHANNES BOURS

Der Kaffee schmeckt anders

Der Tag begann damit, daß zwei unserer vier Kinder Grippe hatten und das Aquarium plötzlich undicht war. Bücher und Noten mußten trockengebügelt werden. Und am Abend, als ich zum dritten Mal das Geschirr vom Tisch in die Spülmaschine räumte, hatte ich das Gefühl: Ich ersticke zwischen den Töpfen und Tellern, Wärmflaschen und Bügeleisen. „Ich muß einmal raus. Ich möchte verreisen, ich ganz allein! Irgendwohin!"

„Wohin willst du denn?" fragte Johannes.

„Das weiß ich eben nicht!"

Als die Maschine eingeräumt war, wußte ich es.

„Ich fahre nach Zürich! Zwanzig Jahre lang bin ich nicht in Zürich gewesen! Drei Jahre habe ich damals in Zürich studiert. Ich möchte meine alten Freunde und Lehrer besuchen und mit ihnen reden ..."

„Ja", sagte mein Mann, „das ist eine gute Idee! Ich könnte es einrichten, könnte ein paar Tage zu Hause arbeiten. Nächste Woche ginge es."

Und dann sitze ich in der Bahn. Es ist kein Traum. Die Landschaft gleitet an mir vorbei, ich habe die Rückfahrkarte Hamburg-Basel-Zürich in der Tasche. Die Felder sind abgeerntet und umgepflügt, das Land ruht sich aus. Die Farben verhalten: braun, schwarz und ocker. Nur die Buchen noch goldgelb; da, wo die Sonne den Dunst durchdringt. Wie erholsam. Ich lehne mich zurück und lege das Strickzeug beiseite. Ich wollte ja einmal nicht arbeiten.

Die Birnen aus der Plastiktasche biete ich den Mitreisenden an. Sie nehmen eine und essen, wie selbstverständlich. Der alten Dame helfe ich beim Kreuzworträtsel. Gebirge mit drei Buchstaben ist meine Spezialität. (Und ich denke daran, wie ich über die Ausläufer des Ida-Gebirges auf Kreta fuhr.) Aber leider kommt es nicht vor. Es ist gar nicht so leicht, nichts zu tun, wenn man sonst sehr viel tut. Ich schließe die Augen und versuche zu beten, aber meine Gedanken schweifen immer wieder ab. Ob es recht war, einfach so wegzufahren? Vier ganze Tage? Mein Herz ist unruhig wie ein See, auf dem Wellen sind, in dem der Himmel sich nicht spiegeln kann.

Als ich ankomme, ist es in Zürich dunkel und kalt. Meine Freundin holt mich ab. Sie hat zu Hause ein Essen vorbereitet. Wir essen und reden, und ich bleibe die erste Nacht bei ihr.

Als wir den Morgenkaffee trinken, kann ich langsam glauben, daß ich in Zürich bin. Der Kaffee schmeckt anders. Und die ganze Stadt riecht anders. Die Geräusche sind anders. Es gibt noch Straßenbahnen, die quietschen, und an den Ecken Maroni-Männer, die Eßkastanien über Holzkohle rösten.

Ich gehe zu Fuß den ganzen Tag, ich möchte alle Wege einmal wieder gehen: an der Limmat entlang, über die Großmünsterbrücke und an den See. Vom Bellevue-Platz fährt die blaue Straßenbahn zur Universität und dann weiter auf den Zürichberg. Wie oft bin ich diese Strecke gefahren. Aber heute will ich gehen.

Als ich vor der Uni stehe, zögere ich, hineinzugehen. Es ist dasselbe Gebäude, aber nun fremd und gleichgültig. Wie früher gehe ich durch die Mitteltür, die sich immer noch schwer öffnen läßt, die breite Steintreppe hinauf zum Audimax, es ist gerade Pause. Der Innenhof mit Palmen und Philodendron wie damals, aber jetzt kenne ich niemanden, und keiner kennt mich. Ich kann wieder gehen.

Draußen neben der Uni ein Plakat: „Kinder brauchen Zuneigung." Sicher, denke ich, und die haben sie ja auch! Weiter unten das Kunsthaus dann und vor der Bank ein neues Plakat: „Kinder brauchen Geborgenheit!" Obwohl es eine Werbung für das Anlegen von Sparbüchern ist, legt es sich mir wie Mehltau auf die Seele. Ich weiche aus und gehe hinüber zum Schauspielhaus. „Stella" wird gespielt, zum letzten Mal. Und neben dem Eingang ein Postkartenständer. „Kinder aus aller Welt sehen dich an."

Das ist nicht fair, denke ich, ich habe sie ja nicht für immer verlassen, sondern nur für vier Tage, und ihr Vater sorgt für sie. Er wird Eis und Pommes frites kaufen und alles, was sich leicht kochen läßt. Sie haben es viel besser! Sie werden es genießen. Und ich will meinen Tag genießen.

In den Pappkartons vor dem Buch-Antiquariat stehen Taschenbücher, fest eingeklemmt. Wahllos ziehe ich eines heraus: Heinrich Verdenmeiler, Dein Gewissen reist mit.

Schnell gehe ich weiter und beginne zu ahnen, was Verfolgungswahn sein könnte, als sich, wie zum Trost, ein großer schwarzer Hund zu mir gesellt. Wie aus dem Nichts taucht er auf und bleibt an meiner Seite. Er glaubt nicht, daß es in meiner Tasche außer Eukalyptusbonbons nichts Eßbares gibt. Aber weil mir seine Gesellschaft guttut – ich bin es nicht gewohnt, so ganz allein zu sein –, gehe ich in einen Laden und kaufe ihm trockene Kekse, für meine Freundin ein paar Weintrauben. „Nächstes Mal“, sagt der Mann, „lassen Sie den Hund bitte draußen!“ Ich verspreche es.

In der ganzen Münstergasse und Niederdorfstraße riecht es nach Hackbraten und Spaghettisoße. Ob er deswegen die Kekse nicht frißt? An einer Ecke verabschiedet er sich. Er geht so selbstverständlich, wie er gekommen ist.

Am nächsten Tag bin ich bei einem früheren Lehrer zum Mittagessen eingeladen. Eine halbe Stunde fahre ich mit der Vorortbahn am Zürichsee entlang. Als der Zug hält, sehe ich ihn auf dem Bahnsteig stehen. Ich habe ihn sofort erkannt und winke. Wir gehen den Hang hinauf zu seinem Haus.

Er erzählt von seiner Arbeit an einem Aufsatz, und später dann im Haus reden wir von alten Zeiten, von Seminaren und Bergtouren, auch von seinen Töchtern. „Die älteste“, sagt er, „hat vor vier Jahren ihren Mann verloren und jetzt einen ihrer drei Söhne durch einen schweren Verkehrsunfall. Es ist schwer. Sehr schwer. Wir besuchen sie oft und bleiben immer ein paar Tage.“ Er erzählt von seinen Amerikareisen und den Vorlesungen dort, und er fragt und hört, was ich erzähle. Seine Frau hat inzwischen für uns gekocht. Als wir uns setzen, sagt er als Tischgebet: „Laß uns in dem, was du uns gibst, erkennen, Herr, daß du uns liebst.“

Darin war alles eingeschlossen.

Nach Kaffee, Kirsch und Maronitörtchen verabschiede ich mich. Er begleitet mich zur Bahn; wir machen einen Umweg über den Bergrücken. Die Sonne ist fast noch warm, und der See, in Dunst gehüllt, glänzt im frühen Nachmittagslicht. Ich werde mit dem Schiff zurückfahren. Er trägt die braune Plastiktasche mit Büchern und Kommentaren, die er mir geschenkt hat, und während wir so gehen, reden wir, ein paar Brocken nur, von dem, was uns wichtig ist. Ich danke ihm: „Ich war gern bei Ihnen, aber jetzt fahre ich auch gern wieder nach Hamburg.“

„Städte“, sagt er, „sind eigentlich alle gleich. Mit Mauern kann man nichts anfangen. Die Menschen, die man liebt, machen den Unterschied. Und all das, was Gott gibt. Gute Reise!“

Autoreifen und Aale – oder: Der Segen des Mangels

Es fing damit an, daß Marek vier gebrauchte Autoreifen aus Hamburg für Bruno mitgebracht hatte. Mitgebracht hatte er auch unsere Familie, ein Hamburger Ehepaar, seine eigene Familie und seine Volleyball-Mannschaft. Alle sollten und wollten in Polen Ferien machen, und was konnte Marek dafür, daß es drei Wochen regnete?

Uns hatte er bei Bruno Trawicki, einem befreundeten Förster, untergebracht, dessen Haus – nur durch eine Kuhweide getrennt – an einem kleinen See lag. Bruno war an einem Staatsforst beschäftigt und bewirtschaftete nebenher zwei Hektar Land. Man hatte zu essen, aber fast alles andere fehlte.

Marek öffnete also den Kofferraum und holte die Reifen heraus, die Bruno liebevoll ansah und – mit einem Lächeln, das er nicht verbergen konnte – an die Scheunenwand rollte. Aber jetzt war er an der Reihe. Was sollte er Marek dafür geben? Marek aß gern Aale. Also klapperte Bruno seine Freunde ab, um Aale zu kaufen, mindestens zehn Kilo. Aber gerade jetzt gab es keine.

Am nächsten Tag kam Marek wieder. Ganz zufällig hatte er von einem Freund 26 kg Aale kaufen können, große fette Aale, ganz frisch. Gertrud und Gabrischa sollten sie zurechtmachen, und Bruno würde sie räuchern. Also nahm Bruno – etwas betreten zwar – die Aale entgegen und schüttete sie in eine Emailleschüssel, die über der defekten Badewanne im Bad stand.

Am nächsten Morgen brachte er sie einem Freund zum Räuchern, er sollte dafür einen Teil behalten, das verstand sich. Es verstand sich auch, daß der Nachbar, der ihm Diesel verschaffte, seinen Teil bekam und Marek natürlich, ebenso dessen Schwester und Familie. Wir selbstverständlich auch. Der größte Aal, der auf dem Küchentisch stand, wurde in Brunos Abwesenheit von zwei

Forstgehilfen verzehrt. Man lobte Dicke und Geschmack, beide waren genau richtig. Und am Ende aß halb Bytow geräucherte Aale, alles war gerecht und sympathisch verteilt. Warum? Weil es in Bytow keine Autoreifen gab, weder gebrauchte noch neue. Das ist der Segen des Mangels.

Nur: Marek hatte außer den Reifen auch noch die Aale bezahlt! Aber dies Problem würde man später lösen. Es löste sich sozusagen von selbst: Marek konnte jederzeit in die Försterei kommen, sich an den Tisch setzen und Rauchwurst essen. Man würde den Schinken weiterhin für ihn anschneiden, obwohl er noch zu frisch war. Das war man Marek schuldig.

„Er ist ein guter Junge", sagte Bruno.

„Das", fand Marek, „beruht auf Gegenseitigkeit."

Marek wurde also ins Haus gezerrt, und obwohl er eigentlich auf dem Weg zu einer Party war, mußte er Bratfisch, Schinken, eingemachte Leberwurst, saure Heringe, Brot, Butter, Tee und Schnaps zu sich nehmen, wobei jeder jedem versicherte, daß er ihn gern habe.

Genek, Brunos Sohn, spielte auf dem Akkordeon „Das kann doch einen Seemann nicht erschüttern ...", dann einige polnische Lieder. Inzwischen war es Abend, die Familie hatte sich dazugesetzt, wir auch. Als Marek endlich fahren wollte, sagte Bruno, der viel getrunken hatte: „Ich werde lieber vor dir herfahren – wegen der Polizei. Ich kenne die ja alle!" Da Bruno sie mit Rehböcken und Wildschweinen belieferte, zahlte er nie. Man kennt sich und mag sich und hilft sich – anders geht es nicht.

Anders geht es auch mit Gästen nicht. Was wir mitgebracht haben, wird im Küchenschrank verstaut: der Zucker zum Einmachen, die Gewürze zum Backen und Kochen, Kakao, Schokolade, Zitronen und Tee. Und wir werden bewirtet, wie man es sonst nur in Büchern liest. Wenn wir morgens vom Waschen oder Schwimmen im See – 16 Grad – zurückkamen, dann standen auf dem Frühstückstisch des für uns geräumten Wohnzimmers: gebratene Pfifferlinge, sauer eingelegte Maränen, Steinpilze, dicke Milch,

Brot, Butter und Marmelade. Vorher gab es einen Teller Milchsuppe zum Wärmen. Ich glaube, seit ich ein Kind war, hat mir nie wieder jemand eine Milchsuppe gekocht und noch dampfend vor mich hingestellt.

Später dann ernteten wir die Johannisbeeren im Garten, die Erdbeeren draußen auf dem Feld. Die Kinder pflückten Kirschen und Stachelbeeren. Es wurde Marmelade und Saft für den Winter eingekocht. Susanne trieb die Gänse in den Tümpel. Genek und Johannes holten die Fischnetze, die über Nacht im See ausgelegt waren. Kein großer Fang, aber doch gut hundert Fische, schöne, fette Maränen. Sie werden gekocht, gebraten, in Sauer eingelegt, geräuchert – die vier Hunde fressen die Köpfe. Bruno heizt in einer Tonne Späne an zum Räuchern.

Isabelle hat ein zweites Mal gebadet. Sie sagt: „Ich hab in meiner Hosentasche ein Kaugummi gefunden, das ist noch von Hamburg!" Inzwischen aber ist die Hose zweimal gewaschen und am Kachelofen getrocknet. Isabelle ißt ihr Kaugummi und verzieht keine Miene.

Am Sonntag sind wir mit Gertrud, Gabrischa und Bruno in der Messe. Die Kirche ist voll bis zur Außentür. Das ist bei allen drei Gottesdiensten so. Die Menschen stehen in langen Reihen vor den Beichtstühlen. Vor der Kommunion geht man zur Beichte. Diese Selbstverständlichkeit, diese Nähe ist uns verlorengegangen. Und eine neue Möglichkeit, Schuld auszusprechen und frei zu werden, haben wir nicht gefunden. Vielleicht gäbe es weniger Traurigkeit und Erschöpfung, wenn Beichte so zugänglich wäre, für jeden erreichbar, wenn sie so zum täglichen Leben gehörte wie das Arbeiten und das Feiern. Bei der Liturgie singen alle mit, die Lieder kennt man auswendig. Kreuze und Marienbilder sind geschmückt, man möchte Liebe und Verehrung, Dank und Bitte sichtbar machen.

Nach der Messe gehen wir in ein Restaurant: ein grauer Kasten. Im ersten Stock stehen etwa zwanzig runde Tische, Holzstühle, eine lange Theke. Wir essen Vanilleeis aus einem Glasbecher, die

Männer trinken Tee. Das gehört zum Sonntag. Man sitzt da in den besten Kleidern und läßt sich bedienen. Einmal wird nicht gearbeitet und nicht gespart, und heute ist Sonntag.

Auf dem Rückweg gehen wir an den kleinen Läden vorbei, Läden mit fast leeren Schaufenstern, Steinfußböden und staubigen Regalen. Ein paar Konserven stehen da und Gläser, die keiner will. Was man kaufen möchte, gibt es nicht: Zucker, Tee, Glühbirnen, Toilettenpapier. Aber es gibt jeden Tag: Weißkohl, Kartoffeln, Mischbrot, Milch und Butter, auch eine Sorte Käse.

Und weil die Stadt so grau und eintönig ist, ohne Dekoration und Reklame, möchte man es zu Hause schön haben, das heißt: bunt und voller Überfluß.

Das Wohnzimmer gleicht einem Andenkenladen: Hinter den Glastüren der Schränke sind Pralinenschachteln ausgestellt, leere Kaffeedosen und Weinflaschen, Osterhasen ... Wie Trophäen stehen sie da, für jeden sichtbar: Das alles hatten wir! Es ist jetzt leer, aber wir haben es gehabt. In einer Schale die unerreichbaren Südfrüchte als Plastikschmuck, täuschend ähnlich. Darüber das Bild vom Papst. An der anderen Wand die schwarze Madonna von Tschenstochau – und dies ist keine Dekoration, sondern dankbare Erinnerung. „Weil dieses Bild im Haus war, haben die Russen damals das Haus nicht geplündert und die Menschen verschont." Wer so deutlich Bewahrung erfahren hat, der hofft darauf auch für heute und morgen.

Nach drei Wochen ist es Zeit zurückzufahren. Wir haben Danzig und Zoppot gesehen, die Halbinsel Hela und Stolp. Aber eigentlich waren wir weder Touristen noch Sommergäste, sondern ein Teil der Familie. Und weil nun Pilze und Himbeeren gesammelt waren, zwei Ferkel auf dem Markt gekauft, das Obst geerntet, der Saft eingekocht, die Erbsen gepflückt und die Netze im See wieder ausgelegt – konnten wir abfahren.

Was hatten wir gesehen? Die Ostsee mit ihren einsamen, weißen Stränden, die Wälder, die Marienkirche und Marienburg; aber vor allem hatten wir miterlebt, was es heißt, in Polen sein Leben zu fristen, nicht zu verhungern. Zu essen hat nur, wer ein wenig Land besitzt und auf diesem Land von früh bis spät arbeitet. Wer Freunde und Beziehungen hat. Unser Dackel hat gelernt, sich mit dem klugen Michau, dem alten Tobi, dem verspielten Assor und dem gefährlichen Victor – den vier Hofhunden – zu arrangieren.

Auch die Kinder haben gelernt, wie anders ein Tag aussehen kann: Sie schliefen auf dem Heuboden über dem Kuhstall, brachten die Kühe von der Weide zurück, die Schafe und auch die Enten; Enten, die sich sogar streicheln ließen, was Micha entzückte. Und als Gertrud eines Morgens nach dem Melken auf der Steintreppe vor dem Haus stand und zufrieden auf ihre scharrenden Hühner sah, sagte Micha: „Und? Wer wird heute ermordet?" Es gab dann kein Fleisch, sondern Fliederbeersuppe mit Mehlklößen.

Als wir fertig gepackt hatten, öffnete Bruno das große Hoftor, das schief in den Angeln hing, und feuerte – speziell für Micha – ein paar Salutschüsse ab. „Vivat!" rief er. Gertrud schob uns geräucherte Forellen ins Auto. Das Eingemachte und Gepökelte war schon vorher verstaut, so, als ob die Rückreise mehrere Wochen dauerte. Mit dem Arm wischte sie sich die Tränen weg und strich die Haare aus dem Gesicht: „Kommt wieder, hört ihr? Und vergeßt uns nicht! Bis nächstes Jahr, hört ihr? Dann wird es nicht regnen. Bestimmt nicht!"

Der schwierige Weg zum Erfolg

Als Autorin hat man es gut. Kommt ein neues Buch heraus, gibt es Einladungen zu Gesprächen, Vorträgen und Lesungen. Reisekosten und Quartier werden angeboten. Über ein Honorar läßt sich reden; es sei denkbar. Man freue sich auf den Abend.

Auch ich freue mich. Der Intercity gleitet fast geräuschlos aus dem Altonaer Bahnhof. Hannover, dann Göttingen. Göttingen ist keine besonders schöne Stadt, denke ich. Damals vor zwanzig Jahren war sie es jedenfalls nicht.

Dann wieder Felder und Knicks, noch fast winterlich, obwohl es Mitte April ist. Jetzt müßte Kassel kommen. Um 13.22 Uhr soll ich dort umsteigen, so habe ich es mir notiert, und dann in Richtung Gießen weiterfahren. Ich greife nach meiner Reisetasche und gehe zum Ausgang.

„Nicht öffnen, bevor der Zug hält!" Das hatte ich auch nicht vor. Nur hält der Zug leider nicht. Es steht auch außer mir keiner da, was mich skeptisch macht. Die Zeit – 13.22 Uhr – ist vorbei, aber von Kassel nichts zu sehen. Eine kleine Verspätung vielleicht! 13.40 Uhr. Aber weder verlangsamt der Zug sein Tempo, noch vermehren sich die Gleise, was ja auf die Nähe eines Bahnhofs schließen läßt. Immerhin kommen drei Gegenzüge. Ein gutes Zeichen, wie ich finde. Wir sind also noch auf der Hauptstrecke.

Wieder ein kleines Dorf, ein Kurort sogar, auch ein Bahnhof, aber nichts von Kassel. Auf der linken Seite jetzt ein bezaubernder Bach, fast ein kleiner Fluß mit Weiden und Erlen. Wenn unsere Kinder hier, an solch einem Bach, aufgewachsen wären und nicht in einer Reihenhaussiedlung in Hamburg, denke ich, sie wären ganz eng mit ihm verbunden. Micha wäre ohne Zweifel viele Male hineingefallen, hätte lehmige Schuhe und Hosen gehabt, aber dieser Fluß wäre ihr Freund gewesen, den sie in jeder Jahreszeit gekannt hätten und zu dem sie später immer wieder zurückkehren würden ...

Immer noch nichts von Kassel. Merkwürdig! Aber schließlich gibt es im Zug Landkarten. Ich sehe mir die Strecke an: Kassel konnte gar nicht kommen, weder jetzt noch später! Dieser Zug fährt nach Frankfurt. Ich hätte in Göttingen umsteigen müssen.

Der nächste Halt ist Fulda. Der Zug bremst. Ich steige aus, auf dem Bahnsteig vor mir ein Plakat: „Intercityfahren wird immer schöner!" Das mag für andere zutreffen. Aber mein Zug, der nächste nach Alsfeld, geht erst in 63 Minuten. Ich komme also zu spät zu meiner 16-Uhr-Veranstaltung. Der Buchhändler, den ich anrufe, versucht freundlich zu bleiben. Was kann man machen?

Endlich dann, sehr zögernd, wie mir scheint, verläßt der Zug Fulda. Der letzte Bahnübergang vor Alsfeld: Wegen Reparatur verlangsamte Fahrt. Warten auf Gegenzug. Alsfeld, zehn Zentimeter Schnee, 16.29 Uhr.

Herr Wetzel ist gekommen, um mich abzuholen. Er fährt mit leicht überhöhtem Tempo und hält vor der Buchhandlung, wo eine Lese- und Signierstunde vorgesehen ist. Herr Behrmann, der Buchhändler, nimmt mir Tasche und Jacke ab und fordert mich auf, es mir bequem zu machen.

„Wieso bequem?" denke ich. „Die Leute warten doch." Aber ich sage nichts. Nach einer Weile fragt er, ob ich mich frisch machen möchte.

„Ja, danke!"

Dann zeigt er mir die obere Etage der Buchhandlung, erklärt, wie praktisch bewegliche Stellwände seien, und bietet an, einen Kaffee zu machen. „Oder lieber Tee?"

„Nein, gern einen Kaffee."

Wir nehmen unsere Tassen und setzen uns an den niedrigen Tisch im Erdgeschoß gegenüber dem Eingang. Drei Sessel stehen da, auf dem Tisch liegen meine Bücher, daneben ein Korb mit Karamellbonbons. Zwei Angestellte fragen, ob ich ihre Bücher signieren würde. „Gern, ich bin ja hier." Aber es ist immer noch eine halbe Stunde bis zum Ladenschluß. Die Kunden, die inzwischen gekommen sind, kaufen Kassetten, Konfirmationsgeschenke, nehmen sich einen Bonbon und gehen.

„Es ist wohl das Schneegestöber", sagt Herr Behrmann, „oder die Leute kommen morgen zu Ihrer anderen Veranstaltung. Der Termin war vielleicht ungünstig ... Wir haben uns bemüht ..., aber leider ... Darf ich Sie zum Essen einladen?"

„Vielen Dank, aber ich bin ja mit Familie Görner verabredet, die das Treffen morgen organisiert."

„Möchten Sie sich vielleicht ein Buch aussuchen?"

„Gern."

Ich nehme Luise Rinser, „Im Dunkeln singen". Weil es gerade vor mir liegt, und irgendwie paßt es zu meiner Stimmung. Dann kommt Frau Görner, um mich abzuholen, und Herr Behrmann und ich sind voneinander erlöst.

„Sind viele Leute gekommen?" fragt Frau Görner, als wir im Auto sitzen.

„Nein, das kann man nicht sagen, es ist – genaugenommen – keiner gekommen."

„Ach, das tut mir leid. Dann war alle Mühe umsonst, morgen wird es anders!"

Daß der nächste Tag ein großer „Erfolg" wurde, wage ich jetzt kaum noch zu sagen. Wer würde mir das schon glauben? Aber was mich irritierte: Warum war ich eigentlich so abhängig vom Erfolg und so traurig, wenn er ausblieb?

„Im Dunkeln singen", das hieße doch: ganz gelassen mit dem zu leben, was Gott mir zugedacht hat – Glück und Gelingen oder Scheitern –, und ihm zu glauben, daß er keinen Fehler macht. Ihn auch im Dunkeln zu preisen, weil Erfolg und Segen nicht dasselbe sind.

Ein Mensch, der fähig ist, Gott zu rühmen, ... ist an dem Ziel, das es auf dieser Erde überhaupt zu erreichen gibt.

JÖRG ZINK

Roberto Rocca – oder: Ein erfolgloser Montag

Es gibt Menschen, die sich ohne Telefon und Postzustellung von der Welt abgeschnitten fühlen und nervös werden. Wir nicht. Wir wollten die Ferien, die Berge und die Ruhe genießen. Trotzdem gingen wir – für alle Fälle! –, als nach drei Tagen immer noch keine Briefe gekommen waren, zur Post in Livigno und fragten nach. Wir fragten, ob die Post ausgetragen würde.

„Nein, die Post wird von einem für die Sponda-Lunga-Häuser zuständigen und autorisierten Postboten abgeholt und verteilt."

„Aha! Alles klar! Grazie mille!"

Als nach weiteren drei Tagen nichts kam, begannen wir – zunächst jeder für sich, dann alle gemeinsam – der italienischen Postzustellung zu mißtrauen. Geschlossen, als Familie (drei männliche, drei weibliche Mitglieder), unternahmen wir einen zweiten Anlauf.

Wir fragten ganz einfach nach Post und schrieben unseren Namen in klarer Druckschrift auf weißes Papier. Die Antwort, diesmal leicht gereizt, lautete: „Die Post für die Sponda-Lunga-Häuser wird abgeholt und zugestellt." Ich nahm allen Mut zusammen und fragte so freundlich wie möglich: „Wie heißt der dafür autorisierte Mann?" Nein, soviel Italienisch konnte ich ja nach sechs Tagen noch nicht. Ich fragte: „Wer?"

Klar und endgültig hieß es: „Signore Roberto Rocca."

Ich bedankte mich und fragte – die Situation aufs äußerste strapazierend: „Wo?"

Die präzise Antwort hieß: „In den Sponda-Lunga-Häusern ... Alto! Oben!"

Wie dankbar waren wir für soviel Information und Klärung bei so geringen Sprachkenntnissen unsererseits. Nichts war ja nun einfacher, als die Schilder an den drei Sponda-Lunga-Häusern nach dem Namen R. Rocca abzusuchen. Allerdings war auch nichts erfolgloser.

Die Schrift der meisten Schilder war ausgeblichen und nicht mehr lesbar (was ja für gutes Wetter in diesem Feriengebiet spricht), andere Schilder hatten gar keine Namen oder nur die Nummern der Appartements von 1-12.

Auf ganz neue Bahnen lenkte uns ein Herr aus Rimini, der eines Abends, als es schon dunkel wurde, mit suchendem Blick vor unserem Haus stand und nach dem Verwalter fragte: „Den suchen wir auch", sagten wir (in der Hoffnung, er könne uns weiterhelfen) und freuten uns über einen Verbündeten. Aber dem Neuankömmling ging es nicht um Post. „Post ist mir in den Ferien egal!" Wir stimmten zu. Er brauchte die Schlüssel zu seinem Appartement. Ohne Zweifel das größere Problem; besonders, wenn man nach langer Autofahrt müde ist. Wir boten ihm Tee und einen Sessel an, auch eine Matratze für die Nacht.

Aber er wollte nichts Halbes, er wollte sein Appartement. „Ja", sagten wir mitfühlend und konnten uns in ganzen Sätzen äußern, weil er Deutsch verstand. „Wir haben bisher auch nicht herausfinden können, wo Roberto Rocca wohnt."

„Rocca? Wieso Rocca? Der Verwalter heißt Cameri. Er ist für alles zuständig."

„Auch für die Post?"

„Si!"

Neue Hoffnung. Aber keines der Schilder, die wir nun mit der Taschenlampe absuchten, hatte eine Cameri auch nur ähnliche Aufschrift. Dann verloren wir unseren wertvollen Informanten in der Fülle der Appartements aus den Augen. Am folgenden Tag unternahm Johannes, der am stärksten unter den nicht eintreffenden Briefen litt, allein einen Vorstoß zum Postschalter. Aber man blieb bei Roberto Rocca.

Wir wollen nicht leugnen, daß wir uns zu diesem Zeitpunkt in einem gewissen Engpaß befanden. Wir waren sozusagen wieder am Anfang der Schlucht. Manche hätten den Dingen nun ihren

Lauf gelassen. Wir nicht. Eigentlich erst jetzt begann die Sache wegen ihrer Aussichtslosigkeit für mich interessant zu werden. Ich nahm Isabelle als Verstärkung und Mutmacher an die Hand, und wir brachen auf, um Roberto Rocca zu finden.

So groß war Livigno mit seinen 5000 Einwohnern schließlich nicht. Wenn man die Geschäftsleute abrechnete, blieben höchstens 100 übrig. Ich war nach unserer dezent-zurückhaltenden, aber leider erfolglosen Schildersuche auf ganz neue Methoden verfallen. Ich wollte Menschen nach ihm fragen, irgendwer müßte Signore Rocca doch kennen.

Von Susanne, die eine Woche in Rom gewesen war, hatte ich in perfektem Italienisch: „Kennen Sie Roberto Rocca?“ gelernt. In einer Mischung aus Englisch, Französisch und Italienisch sprachen wir eine Dame an, die im unteren Appartement wohnte; denn schließlich war sie ja ebenfalls eine potentielle Sponda-Lunga-Postempfängerin. Aber bei dem Namen „Rocca“ schüttelte sie den Kopf. „Non!“

Mit spitzem Finger zeigte sie auf den auf einem Briefumschlag als Adresse angegebenen Namen: Fausto Carravatti. Sie wohne c/o F. Carravatti. Er sei für alles zuständig.

Wo er wohne, wisse sie nicht. Aber dies sei seine Telefonnummer: 997191. Damit meinte sie, uns gedient zu haben, zumal sie gerade beim Kochen war. Ganz gegen meine sonstige Zurückhaltung setzte ich die Belästigung fort. Ich könne kein Italienisch, sagte ich – was sie inzwischen zweifellos bemerkt haben dürfte – und fragte, ob sie wohl für mich anrufen und nach Post fragen könne.

„Si!“

Wir gingen den Berg hinauf zur Telefonzelle. Sie war besetzt. Als der alte Mann endlich seine letzten Münzen eingeworfen hatte und der Apparat auch unter Faustschlägen keine weiteren Sprecheinheiten mehr hergab, verließ er fluchend die Glaskabine. Unsere Chance!

Die fremde Signora fragte unter der Nr. 997191, ob Post für uns da sei. Lange Pause. Dann ein Kopfnicken ihrerseits: „... si ... si ... non esiste ...“ Post existierte also nicht. Inzwischen hatte sich im Hause Carravatti jemand gefunden, der Deutsch sprach. In klaren Sätzen wurde mir nun persönlich mitgeteilt: Signore Carravatti habe mit unserer Post nichts zu tun. Er hole nur seine eigene Post ab!

Wie einleuchtend. Ich entschuldigte mich, schließlich war es Mittagszeit. Fausto Carravatti konnten wir von unserer Hoffnungsliste streichen, er vermietete nur die Appartements.

Eine Klärung immerhin. Menschen sind doch hilfreicher als Schilder. Vielleicht kannte ja der Portier vom benachbarten „Hotel Attila“ Herrn Rocca, an dessen schönem Namen wir immer noch hingen. Vielleicht waren die beiden sogar befreundet, spielten nach Dienstschluß Karten und tranken ein Viertel Valtellina zusammen?

Mit ganz neuem Schwung wandte ich mich an den älteren Herrn im Liegestuhl neben dem Eingang des Hotels, der offenbar Siesta hielt, aber an seiner Kleidung als Hotelpersonal erkennbar war.

„Entschuldigen Sie, sprechen Sie Deutsch?“

„Ja, was iis?“ fragte er in deutlich gereiztem Schweizerdeutsch.

„Wir wollten nur fragen, ob Sie vielleicht Signore Roberto Rocca kennen.“

„Natürlich kenne ich ihn, er wohnt ja da oben!“

Ich konnte meine Tränen kaum zurückhalten. „Wo oben?“

Er machte eine müde Armbewegung: „Da oben!“

„In einem der braunen Sponda-Lunga-Häuser?“

„Nein, nein, in dem roten dort!“

Da ich weit und breit kein rotes Haus sah, fragte ich: „Vielleicht in dem rosa Haus dort?“

„Nein, nein, dahinter.“

Genaueres war offenbar nicht zumutbar.

„Isabelle!“ sagte ich, „das finden wir! Wir geben nicht auf.“ Isabelle nickte wortlos.

Die Schilder an dieser neben uns liegenden Häusergruppe waren in tadellosem Zustand, alle Namen lesbar. Wie wunderbar! Nur: „Rocca“ kam nicht vor. Weiter. Vielleicht war es das übernächste Haus, das allerdings gelb war. Kein Roberto Rocca. Aber es gab ja noch den Extra-Eingang der Parterre-Wohnung, wo ein „autorisierter Postverteiler“ durchaus wohnen konnte!

Und – wir wagten es längst nicht mehr zu glauben – da stand in deutlicher Schrift: Roberto Rocca. Wie Pilger am Ende ihres langen Weges fielen wir auf die Knie, und dankbar für so viel Glück umarmten und küßten wir uns. Dabei müssen wir gegen den Klingelknopf gekommen sein, denn die Tür wurde geöffnet, und vor uns stand eine Frau in Shorts und gelbem T-Shirt, den Kochlöffel in der Hand ... was manche wohl als Bedrohung empfunden hätten, wir aber als Verkörperung unseres Glücks sahen. Ihr fragendes Gesicht ließ erkennen, daß sie auf unser Anliegen wartete. Wie üblich starteten wir mit dem Test-Satz: „Sprechen Sie Deutsch?“

„Was wollen Sie denn?“ kam es in breitem Schweizerdeutsch zurück. Wir, dadurch keineswegs entmutigt, weil am Ziel unserer Wünsche: „Wohnt hier Herr Rocca?“

Sie deutete mit dem Ende des Kochlöffels auf den Namen am Klingelknopf. Gut, darüber waren wir uns also einig. Sie ahnte ja nicht, was dieses Teilziel für uns bedeutete. Also der nächste Schritt, und jetzt keine Fragen mehr, sondern Fakten: „Herr Rocca holt die Post für die Sponda-Lunga-Häuser ab. Sicher sind Briefe für uns dabei!“

„Nein!“

„Kein Brief?“

„Wie soll ich das wissen! Wir sind nur zuständig für die Monte-Sponda-Häuser. Mit Sponda-Lunga haben wir nichts zu tun.“

Ich wage zu behaupten, daß andere Postnachforscher an dieser Stelle umgefallen wären und aufgegeben hätten. Wir nicht!

Ich ignorierte ihren Kochlöffel, die Mittagszeit, die Mittagshitze und meine Enttäuschung. Denn hinter ihr stand in Unterhemd und langer Hose mißmutig ihr Mann: Roberto Rocca in Person.

Zur Unverdrossenheit entschlossen wandte ich mich an ihn: „Aber Sie wissen doch sicherlich, wer die Post für Sponda-Lunga abholt?!" Ich setzte voraus, daß sich Briefträger untereinander kennen.

„Nein! Keine Ahnung!"

War dies das Ende? Niemals! Nach so langem Weg!

„Ich hätte eine Bitte", sagte ich mit letzter Kraft angesichts der großartigen Chance, in meiner Muttersprache verstanden zu werden. „Würden Sie dann bitte auf der Post nach Briefen für uns fragen und sie am Montag, also übermorgen, mitbringen?"

„Ja, sicher!"

Frau Rocca legte den Kochlöffel beiseite, griff einen Kugelschreiber und schrieb unseren Namen auf einen kleinen Block. AHRENS stand da, deutlich und richtig. Unser Name und der von Roberto Rocca waren nun in einem Haus vereint. Gab es ein höheres Glück? Im Hochgefühl gingen wir nach Hause.

„Hannes!" rief ich, „wir haben Roberto Rocca gefunden!"

„Und", wollte Hannes wissen, „waren Briefe für mich da?"

„Nein, das nicht ..."

„Wieso nicht?"

„Er hat unsere Post gar nicht. Aber er bringt sie Montag mit!"

„Montag? Das sind noch drei Tage. Wie soll ich das überleben?"

„Das weiß ich auch nicht. Vielleicht könnten wir ja eine Bergtour machen! Schließlich haben wir Ferien!"

Das taten wir. Es war herrlich! Fast hätten wir die Post vergessen.

Irgendwann war es Montagnachmittag, die Zeit, zu der die Briefe in den Händen der Verteiler waren. Johannes nahm Isabelle an die Hand und ging mit ihr zum Haus von Roberto Rocca.

Aber es waren keine Briefe da. Ich sah es von weitem an seinem Gang und daran, wie er über den Zaun sprang.

Es konnte ja auch gar keine Post für uns da sein. Der wirkliche Postabholer, autorisiert und legitimiert, hatte sie natürlich längst abgeholt und hielt sie in Händen, dieser Verbrecher! Ihn mußten wir finden.

Aber im Moment hielt mich ein leichter Anflug von Entmutigung zurück. Außerdem wollte die Familie in dem fast trockenen Flußbett wandern und so tun, als sei Post nicht wichtig.

Unten am Fluß, zwischen Felsen und Bäumen, stand ein jüngerer Italiener und zersägte angeschwemmte Baumstämme. Er arbeitete mit Säge, Beil und Seil. Als er uns sah, wischte er sich die Stirn und sagte: „Duro!“ Harte Arbeit! Er hielt uns wegen der blonden Kinder für Dänen, weshalb wir Englisch mit ihm redeten.

Nein, er sei kein Tourist, er wohne hier und mache Holz für den Winter. Sonst arbeite er in Livigno auf dem Postamt! Der Schreck verschlug uns die Sprache. Keiner hatte den Mut, ihn zu fragen, ob er den für Sponda-Lunga zuständigen Postverteiler kenne oder es gar sei. Merkwürdig, so nah am Ziel gibt man auf!

So stellte ich nur die belanglose Frage, was eigentlich „Sponda-Lunga“ heiße. „Sponda“ sei der Berg, und „lunga“ heiße lang. Das hätten wir uns nun wirklich selbst denken können. Damit und mit Spaghetti und Tomatensoße – zum sechsten Mal – endete unser in postalischer Hinsicht erfolgloser Montag. Ein strahlender Dienstag mit wolkenlos blauem Himmel zog auf. Keiner dachte mehr an Post. Erfolglose Lebensphasen verdrängt man. Nur Hannes wartete noch auf Briefe von Birgit.

Als wir mittags in der Stadt waren, um Geld zu wechseln, meinte Hannes: „Ich geh mal eben zur Post!“

Niemand sagte etwas. Man soll an Wunden nicht rühren, wenn sie noch frisch sind.

Während mein Mann vor dem Bankschalter wartete und Hannes vor dem Postschalter, saßen wir im Auto und dösten in der Mittagshitze vor uns hin. Plötzlich sah ich meinen Sohn, sich durch Touristen- und Autoschlange der engen Straße drängend, einen Arm hoch erhoben und die Hand voller Briefe und Karten.

„Wie hast du das gemacht?“

„Ich habe gar nichts gemacht. Heute saß da eine andere Schalterbeamtin, die von autorisierten Postverteilern offenbar nichts wußte. Sie gab mir die Briefe."

Ob es einen Sponda-Lunga-Postboten gibt, werden wir wohl nie erfahren. Aber was machte es, wir hatten ja direkten Zugang zur Quelle. Und die Briefe, was sagten sie? In Berlin regne es. In Dänemark sei ein entfernter Onkel gestorben, und in Lübeck sei es zu windig. Auf einer Postkarte stand: „Manchmal sind es die kleinen Dinge, die große Erlebnisse verhindern."

Was in Birgits Briefen stand, danach haben wir nie gefragt und werden es nicht erfahren, aber sie waren die kleine Mühe schon wert.

Der fremde Gast

Ich halte mich für unkonventionell, flexibel und überhaupt nicht spießig. Aber das ist offenbar ein Irrtum.

In den drei Monaten, als wir einen Gast von der entfernten Südsee-Insel Papua Neuguinea bei uns im Haus hatten, stellte ich immer wieder fest, wie mühsam es ist, mit Menschen zusammenzuleben, die anders denken und fühlen als man selbst, anders reagieren und über andere Dinge lachen.

Ich merkte: Ich kann es schwer ertragen, wenn er beim Frühstück schmatzt, den Kaffee schlürft und dann rülpst. Wenn er anschließend seine Pfeife raucht, die stinkt, weil er sie nicht sauber macht. Beim Zigarettenrauchen streift er die Asche mit dem Finger ab. Sie fällt überall hin: auf den Teppich, den Boden, die Treppen. Den ganzen Tag läßt er sich bedienen, ohne „Bitte" und „Danke" zu sagen. Er winkt mir mit der Hand, wenn er etwas will – so, wie er es zu Hause tut in seinem Dorf an der Küste.

Ich sollte es wissen, wir haben ja sieben Jahre in seinem Land gelebt. Aber es ist anders, wenn er nun hier ist. Es stört mich, wenn er in seinen Tageskleidern schläft, wie er es gewohnt ist, und dann ganz zerknittert aussieht. All das stört mich.

Ich weiß, es sind nur Äußerlichkeiten, und vielleicht verzeihe ich ihm nur nicht, daß er uns soviel Zeit kostet, fast den ganzen Tag, weil er sich ohne uns nicht verständigen kann und sich nicht zurechtfindet. Manchmal sieht er müde und grau aus, wenn er nachts wachgelegen hat. Ich denke, er hat Heimweh nach seinem Dorf, wo er alles kennt und alle ihn kennen, wo er der große Mann ist. Hier ist er ganz auf uns angewiesen.

Aber er – ein in seiner Kultur sehr gebildeter Mann und engagierter Christ – hatte sich auf die Einladung eingelassen, hier an der Hamburger Universität, zusammen mit meinem Mann, ein Seminar zu transkultureller Verständigung durchzuführen. Studenten sollten die Möglichkeit haben, ihn ganz direkt zu fragen nach Leben und Glauben und Hoffnung in seinem Land. Danach, wie der Glaube hilft, in den Umbrüchen der heutigen Welt zu bestehen.

Für ihn aber hieß es, drei Monate in einer Großstadt zu leben.

Vieles genießt er auch: die Geborgenheit und Freundschaft, manches Interessante, das er zum ersten Mal sieht. Und wir sind, wenn wir mit ihm am offenen Feuer sitzen, essen und reden, singen, ohne auf die Uhr zu sehen, fast wieder in Papua Neuguinea. Wir hören und erzählen Geschichten – Zeit spielt keine Rolle. Mit den Kindern schnitzt er Pfeile, die beim Auftreffen senkrecht in der Erde steckenbleiben, weshalb Micha gern mit ihm zurückflöge. Er würde dort nur fischen oder angeln und wäre für jede Schule unerreichbar.

Morgens, wenn wir nach dem Frühstück die Morgenandacht halten und für seine Familie beten, dann bittet er um Segen für unser Haus. Und was ist ein bißchen Asche und Schlürfen verglichen mit Segen? Wieviele deutsche Gäste haben wir, die Segen für uns erbitten?

Und wenn er mich ruft und sich bedienen läßt, dann könnte ich ja daran denken, daß Jesus sich eine Schürze umgebunden hat, um seinen Jüngern die Füße zu waschen, daß er gesagt hat: „Ihr sollt tun, wie ich euch getan habe."

Warum fällt mir solche Arbeit so schwer? Glaube ich nicht, daß, wer sein Leben hingibt, es gewinnt? Was mir mühsam ist, hat Gott als Leben für mich gedacht, als Chance, ihn zu lieben, weil er in dem Fremden, der kommt, unser Haus betritt.

Herr, du kommst so verborgen,
hilf mir, daß ich dich
in deinen Brüdern erkenne und liebe.

Unterwegs notiert

Wenn ich reise und Vorträge halte, denke ich oft: Wieviel die Höhe eines Pultes ausmacht! Es sind doch nicht alle Redner gleich groß! Warum gibt es keine verstellbaren Pulte mit einer einfachen Schiebevorrichtung an der Seite? Ein zu hohes Pult macht mir angst und gibt mir das Gefühl der Unterlegenheit: Eine gegen alle! Aussichtslos!

Manchmal wird freundlich eine Fußbank hingestellt. Aber darauf steige ich nur im Notfall, ein gefährliches Möbel! Wer steht schon still beim Reden?! Ein Schritt zur Seite – und das war's.

Weniger schlimm sind zu niedrige Pulte. Da kann man, wenn Seitenwände vorhanden sind, elegant und unbemerkt die Schuhe von den Füßen streifen. Bringt fünf Zentimeter. Ist der Leseabstand dann immer noch zu groß, empfiehlt es sich, frei zu sprechen. Was sowieso besser ist!

Ich habe auch schon mit Schuhkartons und Getränkekisten als Aufbau gearbeitet. Alles noch besser als wackelige Dirigentenpulte. Solche schwankenden Gerüste stellt man am besten zur Seite und spricht – ganz ohne Bollwerk – von Mensch zu Mensch.

Aber so auf eigenen Füßen zu stehen, ist nicht leicht. Wo bleibt man mit den Händen? Ich kann es nicht. Oder sagen wir: Ich mußte es bisher nicht können. Hat das Pult die richtige Höhe – was auch vorkommt –, ist es wunderbar. Ich freue mich auf meine Zuhörer, mit denen nun so etwas wie eine Unterhaltung beginnt.

Aber leider ist auch das ideale Pult noch nicht alles. Nach einem Vortrag kam eine Frau zu mir und sagte: „Sie reden so selbstverständlich von Gott. Das kann ich nicht nachvollziehen."

Andere Frauen kamen und meinten: „Ich fühlte mich sehr angesprochen, es war toll, vielen Dank!"

Aber zählt das, wenn *eine* Frau sich ausgeschlossen fühlte? Ich muß noch sorgfältiger auf die Frage antworten: „Wie finde ich Zugang zu Gott?" Doch kann man das einem anderen erklären?

Ich denke, man kann nur erzählen, wie es gehen könnte, und hoffen, daß ein Funke überspringt und Gott selbst das Feuer anzündet, so daß ein Mensch anfängt, mit ihm zu reden, als ob es ihn gäbe. Vielleicht ist so etwas wie ein Vertrauensvorschuß nötig.

Und dabei kann es die Erfahrung geben: Meine Worte gehen nicht ins Leere. Mir kommt etwas entgegen, was vorher nicht da war. Eine neue Geborgenheit!

Auf dem Rückweg von Siegen mußte ich in Köln umsteigen. „Was ist Glück? Ist es machbar?" – So hieß mein Thema. Mitten in der Bahnhofshalle stand eine Mutter. Sie hielt ihr kleines Kind auf den Armen. Um sie herum, rechts und links, liefen die Menschen vorbei, aber sie war ganz ihrem Kind zugewandt, sah und hörte nichts von allem. Ich beneidete sie. Sie mußte nicht nach Sinn und Glück ihres Lebens fragen. Es war so eindeutig und nah und warm. Dieses Kind war ihr Leben.

Ist das nicht Glück? Ungeteilte Zuwendung, Innigkeit, Einheit – als wäre ein unsichtbarer Kreis um die beiden gezogen.

Unsere Kinder sind nun schon groß. Sie brauchen mich nur noch manchmal. Aber vielleicht öfter, als ich denke, und öfter, als sie es sagen. Eine verläßliche Präsenz im Haus ist erwünscht. Doch dazu bin ich nicht lückenlos bereit. Es gibt soviel, was ich selbst tun möchte. Soviel Verlockendes.

Wir versuchen Kompromisse. So bin ich im Haus, wenn alle mit eigenen Programmen unterwegs sind, und – zum Beispiel – in Stuttgart, wenn in Hamburg Klassenarbeiten wie eine Katastrophe erscheinen.

Doch wie schön, große Kinder zu haben! Komme ich spät abends mit dem Zug in Altona an, holt Susanne mich mit dem Auto ab, damit ich nicht noch eine weitere Stunde mit drei verschiedenen Bussen durch die Stadt irre, bis ich endlich zu Hause bin. Sie hat den Tisch gedeckt und fragt: „Willst du ein Bier?"

„Ja, gern."

Wie schön ist es, wieder zu Hause zu sein und schlafen zu können, ohne daß ein schreiendes Baby mich weckt.

Über den Wolken

Heute ist nun der vorletzte Tag meiner sechswöchigen Diät. Ich esse gern Früchte – alle Arten. Aber wenn es dreimal am Tag nur Kiwis oder Ananas sind, so daß die Zunge allmählich blutet, dann sehnt sich der ganze Mensch nach nichts mehr als nach einer billigen Dose Fisch, z.B. Hering in pikanter Soße! Zur Not würde man den Inhalt auch mit Verpackung essen.

Aber nun habe ich doch ohne allzu großes Mogeln bis heute durchgehalten. Und für diesen Abend steht auf meinem Plan: „Essen Sie Ihr Lieblingsgericht! Essen Sie, was Sie wollen!" Welch herrliche Freiheit!

Und nun sitze ich in einer Boing 737 von Hamburg nach Stuttgart. Es ist gleich fünf Uhr. Wir haben graue Wolken und Sturm – Windstärke 10 – hinter uns gelassen. Hier oben ist blauer Himmel und Sonne. Tief unter uns eine weiße Wolkenschicht, zart wie Watte, unbeweglich wie ein gefrorenes Meer. Täler und Wellen, dann wieder ebene Felder, aus denen sich Berge auftürmen. Die Farben spielen von weiß bis rosa. Ab und zu ein Wolkenloch, durch das die Erde braun und schwarz sichtbar wird. Ich denke an den Psalmvers: „Du feuchtest die Berge von oben her ..., du fährst auf den Wolken wie auf einem Wagen. Licht ist dein Kleid, das du anhast ..." (Psalm 104). Wenn die Psalmdichter diese Herrlichkeit hätten sehen können!

Das Aufklappen der kleinen Tische holt mich aus meinen Träumen zurück: Ein kleiner Imbiß wird serviert. Wie selbstverständlich alle es hinnehmen!

Dabei gibt es Lachs und Schinken, französischen Käse auf Salatblättern, mit schwarzen Oliven garniert – keine großen Mengen, alles zusammen paßt bequem auf einen Eßlöffel. Aber diese Vielfalt und Farben! Dazu ein winziges Brötchen mit Butter. Und – ich will es nicht verschweigen – oben links in der Ecke des Tabletts ein Stück Schwarzwälder Kirschtorte – aus Platzgründen quadratisch!

Als Getränk ein Viertel Bordeaux. Nur das Mineralwasser erinnert mich an meine Diät. Aber heute darf ich ja essen! Ich wage kaum anzufangen und denke: Die 41 langen Tage der Disziplin haben sich für diesen Augenblick gelohnt! Ein Zufall, daß es gerade so hinkam. Aber wie herrlich! Ich fühle mich wie bei einem Fest-Bankett.

In dem Haus, wo ich in Stuttgart zu Gast sein werde, wird es dann ein richtiges Abendessen geben. Aber dieses „Erste“ ist so wunderbar! Und dazu noch hoch über den Wolken!

Als ich in Stuttgart an den Tisch gebeten werde, sagt die Gastgeberin liebevoll: „Wir haben uns etwas Besonderes ausgedacht, weil Sie doch so lange in Papua-Neuguinea waren: Kiwis und tropische Früchte!“

Diät, du hast mich wieder! Ihr Kiwis, ich bin wieder unter euch!!!

Ein Haus für die Ferien

Das kleine Dorf Orgnac l'Aven – dreihundert Meter hoch in den Bergen der Ardèche – finden wir auf Anhieb. Aber eine Straße „Hameau des Massargues“ gibt es nicht. Ich frage im Lebensmittelladen an der Ecke. Die Verkäuferin nimmt einen Bleistift und zeichnet den Weg auf: Immer in Richtung Westen, zwei Kilometer etwa, dann komme Massargues – ein kleines Dörfchen. Sie selbst wohne dort. Nach dem Haus von Jean Moulin sollten wir fragen.

Zum Glück ist es noch hell. Hinter einer Wegbiegung taucht aus dem Grün der Weinberge ein Hügel auf, an dessen Südhang das winzige Dorf liegt: Zwölf oder vierzehn Häuser sind es, eng aneinander angebaut, als suchten sie Halt. Die Wände mittelalterlich dick aus dem Kalksandstein dieser Gegend aufgeschichtet und grob mit Mörtel verputzt. Überwucherte Mauern, manche halb eingestürzt, kleine Innenhöfe mit Maulbeerbäumen. Die Nachmittagssonne taucht alles in ein Ocker-Gelb, und die Häuser mit ihren gewölbten Dachziegeln heben sich nur um eine Nuance vom trockenen Gras dieses Hügels ab.

Wir suchen nach einem großen quadratischen Haus mit einer Außentreppe über einem alten Weinkeller. Aber fast alle Häuser sehen so aus. Eine Frau hilft uns. Unser Auto rollt über den groben Kies des Innenhofs, wir sind am Ziel!

Madame Moulin steht oben auf der Treppe.

„Bienvenue!" Ein Schwall von Worten. Sie freut sich, daß ihre Feriengäste nun tatsächlich da sind. Da kommen Micha und Christian aus dem Haus. Sie sind ein paar Tage vor uns mit dem Fahrrad von Mülhausen losgefahren – 750 km! – und eine halbe Stunde vor uns angekommen. Triumph!

Isabelle war bei uns, und im Laufe der Ferien wollten auch Johannes und Susanne mit ihren Freunden dazukommen. Deshalb haben wir ein Haus mit elf Schlafplätzen gemietet. Es sind tatsächlich fünf breite Betten vorhanden. Die Aufteilung bleibt unserer Phantasie überlassen. Einige der Kinder werden wohl auf Isomatten schlafen müssen. Über die Außentreppe und die große Terrasse gehen wir in die Diele. Als wir den Fuß über die Schwelle setzen, tauchen wir ein in eine andere Welt: Kühle und Halbdunkel nach der grellen Augustsonne draußen – wie angenehm.

Mitten im Raum ein großer Tisch, an dem wir – wenn alle da sind – bequem sitzen und wunderbar feiern können. Der dunkle Eichenschrank an der Rückwand zwingt uns wegen seiner Größe und Behäbigkeit, zu ihm aufzublicken. Das Öffnen und Schließen der Türen braucht Zeit.

Links an der Wand eine schmale hohe Standuhr. Sie zeigt auf drei Minuten nach eins. Hier steht die Zeit still. Wir haben nie versucht, die Uhr in Gang zu bringen; es wäre ganz einfach gewesen. Über dem offenen Kamin hängt ein weinrotes Velourtuch, er wird im Sommer nicht gebraucht.

Erst jetzt begreife ich, daß es sich bei dieser ehrwürdigen Diele um unsere Küche handelt, denn hinten rechts in der Ecke befindet sich – wie versehentlich dort abgestellt – ein kleiner Gasherd; während Wasserhahn und Spüle ganz vorn am Eingang installiert sind. Will man morgens das Kaffeewasser aufsetzen, ist eine Entfernung von gut zehn Metern zurückzulegen. Hoffentlich weiß ich – am Herd angekommen – dann jeweils noch, was ich mit dem Wasser wollte.

Diese eher zaghafte Andeutung einer Küche gibt mir das Gefühl: Hier werde ich zwar kochen und abwaschen, aber diese Arbeit wird meine Ferien nicht bestimmen. Das andere überwiegt: das Große, Gelassene, die freundliche Ruhe. Und so war es dann auch: Ich machte größere, langsamere Bewegungen und tat alles ohne Hektik.

Zwei Ausgänge führen von der Diele zu den vier Schlafräumen, die fast quadratisch und nur mit den nötigsten Möbeln ausgestattet sind: mit Bett, Stuhl und Schrank. Alles in dunklem Holz. Die Wände weiß gekalkt. An der Decke schwere Balken. Zarte, weiße Gardinen wehen vor den offenen Fenstern und halten so die Mücken fern. Jedenfalls einige. Zwischen uns und dem Nachbarhaus gibt es einen kleinen Innenhof mit Ziehbrunnen und Maulbeerbaum. Früher betrieb man in dieser Gegend Seidenraupenzucht.

Jeder Raum hat seinen eigenen Charakter und ist auf seine Weise schön. Nichts Überflüssiges gibt es. Eine mönchische Kargheit, die wohltut. Das Schweigen der Räume geht auf uns über. Jeder nimmt sich ein Zimmer und denkt: Es ist das schönste!

Die nötigsten Dinge werden ausgepackt. Dann: duschen, ein kleiner Imbiß und ein Glas Rotwein, den Madame Moulin uns zur Begrüßung hingestellt hat. Wir sind todmüde nach der langen Fahrt. Die Betten sind weich. Mein letztes Gefühl vor dem Einschlafen: Ich liege in einer großen, tiefen Sandkuhle. Es ist unmöglich, herauszufallen!

Morgens – wie wunderbar! – bin ich so früh wach, daß ich den Sonnenaufgang nicht verpasse. Es ist etwa halb sieben. Ich versuche, den schweren Riegel an der Außentür leise hochzuschieben, aber man hört es doch, und die Tür knarrt. Dann noch die Terrassentür, und ich stehe auf der Treppe: ein kühler, grauer Morgen, etwas dunstig. Die Konturen des Massif Central liegen noch im Nebel. Ich gehe um das Haus herum den Hügel hinauf. Zu beiden Seiten Weinberge. Und jetzt ein roter Streifen in der Wolkenwand. Ich gehe weiter: Plötzlich überstrahlt das Rot der Sonne alles und blendet mich.

„Herr, wie herrlich ist deine Schöpfung! Ich danke dir, daß ich dies sehen kann!"

Als ich zurückkomme, schlafen die Kinder noch. Die Tür knarrt wieder, aber keiner wacht auf, auch der Hund nicht. Die Ruhe dieses Hauses hält sie in ihrem Bann. Also gehe ich noch ein Stück den Hügel hinab – zur anderen Seite. Auch hier: niedrige Mauern aus flachen, übereinandergeschichteten Steinen, überall Brombeerranken und viele schwarze Brombeeren – aber sie haben keinen Geschmack. Trotzdem ist es schön, ein paar in den Mund zu nehmen – so wie ich die Landschaft der Weinberge und Pfirsichgärten in mich aufnehme.

An diesem frühen Morgen hört man keinen Laut. Ich gehe so leise wie möglich, aber der lose Kies auf dem Asphalt knirscht unter meinen Sandalen. An den Wegrändern trockenes Gras und die verdorrten Stiele des Leimkrauts. Wenn ich einen abbreche, gibt es einen hellen Laut, der die Stille unterbricht. Ich wage kaum, etwas anzufassen. Ganz behutsam gehe ich und spüre, wie der Friede dieser Landschaft in mich eindringt. Ich möchte singen, aber ich darf diesen Morgen nicht stören.

Irgendwann komme ich zurück. Mein Mann ist aufgestanden. Wir wollen nach Orgnac fahren und Baguettes kaufen. Unser Diesel springt an. Der Zauber der Stille ist zerbrochen.

Sonne und schmale Wege

Immer wieder zieht es mich hinaus auf die langen, geraden Wege zwischen den Weinbergen. Sie sind für kleine Traktoren angelegt. Kein Mensch geht hier. Die Weinstöcke sind beschnitten, sie tragen schon blaue Trauben, aber geerntet wird erst im Oktober. Fast senkrecht steht die Sonne jetzt am Himmel.

Ich gehe zwischen den Mauern, die heiß sind und ihre Wärme abgeben wie in einem Kamin. Der schwarze Asphalt der Wege ist noch heißer. Kein Windhauch. Die Zikaden beginnen ihr Lied. Sie sitzen auf den Mauern, im Gras, auf den Pfirsichbäumen und Weinstöcken – aber nur ganz selten für das Auge erkennbar. Sie sind so gut getarnt. Nur manchmal springt eine direkt vor mir in hohem Bogen zur Seite, wie von einer Feder in die Luft geschnellt, ganz unberechenbar.

Am Ende unseres Hameaus, dort wo die Weinfelder beginnen und in vielen Terrassen nach Süden hin abfallen, steht ein Wegkreuz. Ich sah es, als wir am ersten Morgen auf der Terrasse frühstückten – und freute mich. Es gibt Zeiten, in denen ich mehr auf Sichtbares angewiesen bin. Und dieses Kreuz ist für mich so etwas wie Gottes Nähe. Immer wieder bin ich während der drei Wochen den Weg gegangen, der auf das Kreuz zuführte. Dabei ist es nicht besonders schön. Es steht auf einem kunstlosen Zementsockel mit der Jahreszahl 1852. Das Kreuz selbst ist etwa drei Meter hoch, durchbrochenes Gußeisen, Weinranken und -trauben sind erkennbar. Der sterbende Christus blickt zum Himmel auf: Vater, in deine Hände befehle ich meinen Geist. Es ist vollbracht!

Wieder begegnet mir dieses Wort, und wieder löst es in mir Dankbarkeit und Glück aus.

Der Weg von hier aus führt viele Kilometer bergab bis zu einem kleinen Bach, der kaum noch Wasser hat. Im August gewinnt in diesem Land die Sonne: Trockenheit, Wärme, Licht, das Schwarz der Brombeeren ... alles kommt von ihr. Heiß und durstig gehe ich den langen Weg zurück. Es ist Zeit, den Mittagstisch zu decken.

Wenn ein Engel kommt

Berlin, 12. Oktober.

Es ist noch dunkel, als ich wach werde. Die alte Standuhr nebenan schlägt vier. Ich versuche, wieder einzuschlafen, aber es geht nicht. Heute ist ein kühler, klarer Tag. Ich spüre es an der Luft, die durch das halbgeöffnete Fenster in mein Zimmer strömt.

Monika hatte extra einen neuen Lattenrost in das Bett dieses Besucherzimmers legen lassen, damit ich besser schlief. Aber der Rost ist hart und in der Mitte gewölbt. Ich fühle mich wie auf einem Hügelbeet.

Inzwischen bin ich ganz wach und freue mich auf den Tag, der vor mir liegt. Auf die gemeinsamen Lieder, das Gebet in der Kapelle und den Text für die Bibelarbeit aus 1. Könige 19. Elia, der sich erschöpft und entmutigt unter einen Wacholderstrauch gelegt hat, wird von einem Engel berührt: „Steh auf und iß! Sonst ist der Weg zu weit für dich!"

Stärkung von Gott. Der Schlaf als Wende, Zuwendung Gottes. Kein Überfluß, aber Brot und Wasser sind für Elia da – mitten in der Wüste. Das Wort von Johannes Tauler – auf einem Zettel notiert – fällt mir wieder ein: „Gott kann donnern und stürmen, aber er neigt sich dem Menschen, der in der Wüste auf ihn wartet, zärtlich zu."

Im leichten Säuseln des Windes, so erzählt diese Geschichte, kommt Gott und fragt Elia, der sich in eine Höhle verkrochen hat: „Was tust du hier, Elia?" Aus Barmherzigkeit überläßt Gott seinen Boten nicht sich selbst. Er findet Elia auch in seinem Versteck.

Die Uhr schlägt jetzt sechs. Ich höre die erste S-Bahn. Von irgendwoher duftet es nach Kaffee. Wie schön, so im Bett zu liegen! Noch ist alles still im Haus. Im ersten Licht schimmert der Himmel durch die Stämme der Eichen. Ein kleines Wäldchen steht vor meinem Fenster. Alle Bäume haben noch ihr Laub.

Ich spüre etwas Dumpfes, Trauriges in mir. Woher kommt diese aufsteigende Schwere? Jetzt weiß ich es: Heute ist Isabelles Ohr-Operation – und ich bin nicht bei ihr. Ihr Vater ist da. Ich hatte ihr im voraus Briefe und ein Päckchen gegeben – aber nun liegen dreihundert Kilometer zwischen uns. Keiner kann etwas dafür, die Termine haben sich überschnitten. Meiner war schon lange festgelegt.

„Ach, Herr, umgib sie mit deinem Schutz, daß alles gut wird und sie wieder gut hören kann. Daß kein Gesichtsnerv verletzt wird und daß sie sich nicht traurig und verlassen fühlt, wenn sie aus der Narkose aufwacht. Laß sie in dir geborgen sein. Herr, wie wunderbar, daß du meine Worte hörst. Ich danke dir."

Alle Dumpfheit fällt von mir ab. Ich stehe auf und freue mich auf den Tag. Heute mittag werde ich in Hamburg anrufen.

Das Glück hat viele Gesichter

Ende Juni, wohltuende Wärme. Die Winter- und Frühjahrsarbeit an Büchern ist abgeschlossen. Reisen und Vorträge sind vorbei. Jetzt beginnt der Sommer, und ich werde nichts tun als die Sonne genießen.

Sicher, der Garten braucht etwas Zuwendung, Gardinen müssen genäht werden, und ein paar Gäste werden kommen. Aber alles soll in Ruhe geschehen. Das Ausruhen ist wichtig, schon der Gedanke daran erholsam. In solchen Momenten, die ja in sich schon Glück sind, klingelt allerdings meistens das Telefon. So auch jetzt.

Meine Lektorin ruft an: „Hören Sie ... Es ist ganz eilig! ... Wir möchten doch Ihr Buch ‚Augenblicke des Glücks' als Taschenbuch herausbringen. Und dazu fehlen acht Seiten Text. Könnten Sie die eben noch schreiben?"

„Acht Seiten Glück?"

„Ja!"

„Ich weiß nicht ..."

„Sagen Sie doch einfach, was Glück für Sie ist. Was Sie – gerade jetzt – glücklich macht."

„Ich will es versuchen."

Ich setze mich also an die Schreibmaschine und lege einen Stapel weißes Papier neben mich.

Glück? Glück wäre es gewesen, jetzt wirklich Ferien zu haben. Aber natürlich ist es auch ein großes Glück, etwas von dem, was mich freut, mitteilen zu können.

Ich erinnere mich zum Beispiel an eine Morgenstunde auf Kreta, wo wir kürzlich ein paar Tage verbrachten. Da dachte ich:

Wieviel Glück fällt durch die Augen in unser Herz! Wie wunderbar, sehen zu können! Als ich – ohne Wecker – aufwachte, war es schon hell, aber Himmel und Meer lagen noch kaum unterscheidbar in grauem Dunst. Die Wolken sahen fast schmutzig aus. Ich setzte mich auf den großen Balkon, um den Sonnenaufgang zu sehen. Ganz allmählich färbten sich die oberen Wolkenschichten rosa. Die Sonne war noch nicht da. Wie lange Finger liefen jetzt rosa Strahlen über den Himmel, der immer heller wurde. Ich dachte: „Die rosenfingrige Eos ...", Göttin der Morgenröte – von

Homer besungen. Ihre Hand schien den Himmel sanft zu berühren und das Grau der Nacht in lauter Licht zu verwandeln.

Jetzt stieg die Sonne aus dem Meer auf. Ein schmaler Rand zuerst und dann immer mehr rote Glut, bis der Sonnenball den Horizont unter sich zurückgelassen hatte und nun alles beherrschte: das Meer, den Himmel und das Land.

Und an jedem Abend das andere Wunder – wie die untergehende Sonne dem Mond ihr Licht gab. Der Mond, zuerst ein blasses Wölkchen, wurde immer leuchtender, je tiefer die Sonne in die graue Wolkenbank eintauchte. Noch einmal ein warmes gelbes Licht, doch dann war es der Mond, der über die Erde wachte, und der Abendstern hoch über den Bergen.

So etwa muß es der Dichter des 74. Psalms empfunden haben, wenn er sagt:

„Dein ist der Tag, o Herr,
und dein ist die Nacht.
Du hast Gestirn und Sonne
die Bahn gegeben."

Ein anderes Glück, das Kreta uns schenkte, hat auch mit den Augen und allen Sinnen zu tun. Ich meine das Erleben von großen Kontrasten.

Wir waren lange über die Ausläufer des Ida-Gebirges gefahren – durch Staub, Trockenheit und Hitze – und kamen dann an ein altes Kloster. Dort gab es am Eingang eine kalte Quelle; ein Rinnsal nur, das aus den Felsen floß. Dieses Wasser zu trinken – wie wunderbar.

Oder an einem anderen Tag. Nach vielen verschlungenen Gebirgspfaden öffnete sich die Landschaft ganz unerwartet zum Meer hin: welch eine Weite und welch ein Blau!

Wenig später im Meer zu schwimmen, welch ein Glück! – Tagsüber war es zu heiß, um etwas zu essen. Nur ein paar Bananen kauften wir an der Straße. Abends aber gab es in den Tavernen kühlen Wein und Käse, Brot und Salat. Herrlich!

Auch die Landschaft des östlichen Kreta ist von Gegensätzen bestimmt: die trockenen heißen Felsen der Berghänge tauchen ein in das türkisfarbene Wasser der Buchten. Eine schöner als die andere. In der Nähe von Kritsa dann die fast schwarzen Zypressen vor der weißgekalkten mittelalterlichen Kirche der Panhagia Kera. Das Umfeld ist karg, aber an den Innenwänden der Kirche Bilder von blühenden Gärten, die Bäume voller Früchte – das Paradies.

Doch auch im alltäglichen Leben: Wie wohltuend sind Gegensätze! Wie gut ist nach einem Tag voller Arbeit die Ruhe der Nacht und ein tiefer Schlaf. Arbeit und Ausruhen. Gäste, Feste, Feiern – aber auch Fasten. Viele Menschen um uns herum und dann das Alleinsein für ein oder zwei Tage. Reden und Schweigen. Gegensätze als Lebenselixier.

Glück hat auch etwas mit *Suchen und Finden* zu tun. Ich jedenfalls werde meine Goldgräbersehnsucht nie ganz los. Ob ich an einem Fluß oder Meer bin, nie kann ich über ein Steinfeld gehen ohne die Hoffnung, einen ganz besonderen Stein zu finden. Und wer die Kollektion auf meiner Fensterbank sieht, muß zugeben, daß ich nicht ganz erfolglos bin. Neben oval geschliffenen Mittelmeersteinen – einer sieht aus wie ein großes Auge – steht ganz ungerührt ein Nilpferd, der Star der Sammlung, eine Feuersteinkreation von der Nordküste Rügens. Südfranzösischer Granit, Lavabrocken von Island …

Und all das ist für mich Glück, festgehaltenes Glück der Tage, die ich dort verbracht habe. Und es sagt: Wer sucht, der findet! Und das gilt nicht nur für Steine. Dem, der darum bittet, der sucht und anklopft, soll sogar der Himmel geschenkt werden. Was für ein mutmachendes Wort.

Natürlich habe ich außer den besonders geliebten Steinen, die auf meiner Fensterbank liegen dürfen, auch noch viele andere, die zwar an Ort und Stelle schön waren, zu Hause aber eher mittelmäßig erschienen. Sie liegen im Keller: in kleinen Fässern und

Schalen, Körben und Kübeln. Seit Jahren stehen sie uns im Weg. Aber wer hat den Mut, das kleine Glück einfach in den Gartenteich zu schütten – nur weil es unscheinbarer ist?

Ein ganz besonderes Exemplar fand ich an der Südküste Kretas, nicht irgendwo, sondern an der Stelle, wo der Apostel Paulus gestrandet sein soll und Zuflucht fand. Der Ort heißt Kali Limenes (Guter Hafen, in der Apostelgeschichte, Kapitel 27, wird davon erzählt). Dort – dachte ich – müßte es doch einen besonderen Stein für mich geben. Und so war es auch. Zwischen vielen grauen, nicht besonders schönen Steinen lag einer, der die Form eines Kuchenstücks hate, nur etwas kleiner. Er war von vielen weißen Adern durchzogen. Doch über dem Wirrwarr dieser Linien lag ein weißes Kreuz; zwei breitere Streifen, die sich wie ein Kreuz überschnitten.

Ein angemessener Fund für diesen Ort! Sogar auf der Rückseite war das Kreuz zu sehen, es durchzog den Stein ganz und gar.

Freunde meinten später: Es fehle nur die Widmung von Paulus! Aber trotz freundlichen Spotts liebe ich meinen Stein. Er wird mich daran erinnern, daß Wege und Umwege meines Lebens mich nicht umbringen können, wenn das Kreuz Jesu alles durchdringt und Augen und Herz dieses Zeichen nur wahrnehmen.

Doch meine Liebe gehört nicht nur den Steinen. Auch Pflanzen faszinieren mich; besonders darin, wie sie unter härtesten Bedingungen das Überleben schaffen. Wie sie Dürrezeiten überstehen, mit ganz wenig Erde auskommen oder sich am Boden festklammern; dort, wo ständig Wind über sie hinwegweht.

Auf Kreta sind die Berghänge von kleinen, halbkugelförmigen Büschen bedeckt. Sie blühen gelb oder violett, sind stachelig wie Igel und so vor den wilden Ziegen geschützt, auch vor der heißen Sonne. Mit ihrer Drahtbürstennatur halten sie es aus, wenn Hirten, Schafe und Wanderer auf sie treten. Sie verströmen ihren Thymianduft über das ganze Land. Ein Zweig davon steht jetzt auf meinem Schreibtisch. Er wird dort bleiben, bis das Violett der kleinen Blüten ganz verblaßt ist, der Duft vergangen und der Staub eines Winters sich daran festgesetzt hat. Wenn ich ihn ansehe, denke ich, wie gut es ist, eine solche Widerstandskraft zu haben, so bedürfnislos zu sein und dabei in so herrlichen Farben zu blühen. Ist es nicht Glück, unter solchen Bedingungen so viel Schönheit hervorzubringen?

Wieder auf dem Schiff

Die Zeitungen hatten gerade aufgehört, ihre Titelseiten mit dem Unglück der „Maxim Gorki", dem „Drama im Eismeer – Danke, lieber Gott, für die Rettung!" zu füllen, als wir mit einem anderen Kreuzfahrtschiff die gleiche Route fuhren. Von Bremerhaven ging es über Schottland, die Orkney-Inseln, Island und Jan Mayen nach Spitzbergen und von dort – an der norwegischen Küste entlang – zurück. Es war Hochsommer, und ich freute mich, Spitzbergen zum ersten Mal zu sehen. Ich freute mich auf das Licht und die Farben des Nordens, auf die Mitternachtssonne und das ewige Eis.

8. Juli

Die Einschiffungsprozedur kenne ich allmählich. Nervosität und Hektik – wie immer –, bis jeder seine Kabine, sein Gepäck und vor allem den vorgemerkten Platz im Restaurant gefunden hat. Unser Schiff ist diesmal mit 640 Passagieren ganz ausgebucht. Nur langsam legt sich die Unruhe.

Als ich meine Sachen auspacke, merke ich: Bei aller Vorfreude schleicht sich auch Beklommenheit ein. Ob das Interesse an Gottesdiensten und Andachten wieder so gering sein wird wie auf der letzten Reise? Damals – vor zwei Jahren –, als wir über den Indischen Ozean fuhren, hatte ich den Eindruck: Auf einem Luxusdampfer ist Gott kein Thema. Sein Wort wird gesagt, aber es ist kein Bedarf. Kann und will Gott nur da kommen, wo Menschen in ihrer Armut nach ihm schreien? Ist Gott im Überfluß überflüssig?

Luther sagt: „Nur die Armen der Erde glauben sowohl den Verheißungen wie den Drohungen Gottes." Aber sobald ein Mensch sagt: „Nach dir, Herr, verlangt mich!", ist er doch einer der Armen, denen die Verheißung gilt.

Ich kann nur warten und beten und wieder neu lernen, mich

nicht zu sorgen. Bereit, Instrument zu sein, wenn Gott sein Lied spielen will, und es in Demut hinnehmen, wenn er es nicht tut.

Kann ich leben ohne „Erfolg“? Oder wäre mein Erfolg, daß ich Gott ganz vertraue und sonst nichts?

Von all den Superlativen des Kreuzfahrtjargons bin ich mit meiner Arbeit als Schiffs-Pastorin so weit entfernt. Durch die Bordlautsprecher wird es wieder heißen: „... der größte Gletscher ..., der längste Tag ..., der beste Lachs ..., die fischreichsten Gewässer ..., die nördlichste Stadt.“

Gottes Reden geschieht leise, unaufdringlich. Und doch ist es höchste Steigerung des Lebens, wenn er spricht. Wer ihn gehört hat, kann das sein Leben lang nicht ganz vergessen. Aber im lauten Bordprogramm ist es schwer, etwas von Gott wahrzunehmen. „Du bist der Leiseste von allen“, sagt Rilke.

Die Künstler, zu denen ich gerechnet werde, haben festgelegte Kabinen- und Tischplätze. Wie angenehm!

Diesmal sind es die Tische direkt vor der auf- und zuschlagenden Küchentür. Ein Vorteil: In dem sehr warmen Restaurantdeck wird uns so durch die Tür immer etwas Luft zugefächelt, wenn auch Küchenluft!

Ich sitze neben dem italienischen Sänger. Mit uns am Tisch der Zauberkünstler und seine Frau, eine bulgarische Tänzerin und ihr Begleiter. Wir stellen uns vor und wünschen guten Appetit. Der Italiener – Sänger und Kabarettist – nutzt die Chance dieser etwas müden und darum schweigend essenden Runde: Er informiert uns über seine Lebensphilosophie. „Ich sage immer – besonders bei älteren Menschen: Du kannst sehen, hören, schlafen, aufstehen, essen ... sei dankbar!“ Ein Therapeut der Lebensfreude sei er.

Und während er weiter von seinen Plänen erzählt, denke ich: Was will *ich* eigentlich auf diesem Schiff? Ich rede ja auch von Freude. Ist Freude überhaupt zu vermitteln? Oder erlernbar? Fällt sie einem Menschen nicht als Geschenk des Himmels zu?

Für die Vorbereitung des ersten Gottesdienstes am folgenden Tag lese ich unter anderem in den Aufzeichnungen des englischen Theologen Oswald Chambers. Was da steht, scheint für meine Arbeit geschrieben zu sein: „Du kannst Gott nicht dienen – aber du kannst dich an jenen Platz stellen, von dem aus Gottes allmächtige Kraft durch dich wirken wird. Je schwächer du bist, um so besser. Wagst du, Gott all das für dich sein zu lassen, was er zu sein dir verheißt?"

Der Gottesdienst soll in der großen Lounge stattfinden. Auf manchen Schiffen gibt es einen Kirchensteward, der hilft, aus einem Vortrags- oder Tanzsaal einen Gottesdienstraum zu gestalten. Aber hier nicht. Also suche ich mir alles selbst zusammen. Kreuz, Kerzen und Gesangbücher trage ich aus der Kapelle in diesen großen Raum. Ein Tisch findet sich im Nebenraum, eine Tischdecke auch.

Auf der Bühne steht ein Flügel. Aber für diesen ersten Morgen an Bord konnte ich noch keinen Passagier bitten, unsere Lieder zu begleiten. Später vielleicht! Mir ist etwas beklommen zumute: In diesen grauen Sesseln haben gut hundert Menschen Platz, es sind aber nur acht gekommen. Wir warten ein paar Minuten, dann sind es etwa dreißig. Also fangen wir an.

Parallel zum Gottesdienst läuft ein Diavortrag über das nächste Ausflugsziel: Schottland und Edinburgh. Dort im Vortragssaal ist es voll. Begreiflicherweise!

Als ich nach der Begrüßung sage: „Wir feiern unseren Gottesdienst im Namen des Vaters und des Sohnes und des Heiligen Geistes", bekreuzigen sich einige Passagiere; sie sind also katholisch.

Da auf einem Schiff – aus Sicherheitsgründen – alle Räume Lautsprecheranlagen haben, damit wichtige Meldungen von der Brücke sofort alle Passagiere erreichen, hören wir auch während des Gottesdienstes Durchsagen über Wetter, Positionsangabe und die üblichen Wünsche. Aber eine Predigt – dreimal durch Ansagen unterbrochen – verliert ihren Schwung. Es spricht sich ein wenig mühsam ohne Pult. Die Aufmerksamkeit der Gottesdienstbesucher teilt sich zwischen mir und einem Mann, der gerade jetzt die großen Fenster dieses Raumes putzt: Macht er es gut? Sieht man Streifen? Als Geräuschkulisse das gleichmäßige Ping-Pong der Tischtennisbälle auf beiden Seiten des Sportdecks.

Ich muß mich erst wieder daran gewöhnen, mit kleinen Unvollkommenheiten zu leben. Wir sind auf einem Schiff, nicht in einer Kirche.

Nach dem Gottesdienst kommt ein älteres Ehepaar zu mir. Die Frau sagt: „Früher war mal ein Kollege von Ihnen da, auch aus Hamburg. Der hat bei der Vorstellungsrunde am ersten Abend auf der Fiedel gespielt und Jeans angehabt! Er war die Seele vom Schiff!"

Ich sage: „Wie schön! Das freut mich!", finde es aber eher deprimierend, an solch einem fiedelspielenden Amtsbruder gemessen zu werden.

Die Künstler haben realistischere Erwartungen an mich. Sie sagen: „Beten Sie für uns!" Ich verspreche es. Die Passagiere hoffen, meinetwegen von Unglück und Eisbergen verschont zu bleiben. „Was soll uns passieren? Wir haben ja Sie an Bord!"

Als wir die vorgeschriebene Übung mit den orangeroten Schwimmwesten absolvieren, sagt eine Frau: „Kein Ernstfall! Lieber Gott, bitte nicht!" und sieht mich vielsagend an.

10. Juli

Die Lautsprecherdurchsagen sind nachsichtig-freundlich. Es heißt nicht: Abfahrt 17.00 Uhr!, sondern: Unser Schiff verabschiedet sich von Granton und nimmt Kurs auf die Orkney-Inseln.

Ferienstimmung soll vermittelt werden. Überall wünscht man: „Einen schönen Tag! Schönen Abend noch!"

Nach dem 21. Mal kann ich es nicht mehr hören. Manchmal ist es nötig, sich in die Kabine zurückzuziehen.

Ich warte darauf, daß mich ein Gefühl von Einsamkeit oder Traurigkeit anfällt wie auf anderen Reisen. Aber bisher bin ich ganz entspannt und gelassen. Ich sehe Menschen und Dinge mit mehr Distanz, kritischer auch. Der Sänger – zum Beispiel – sollte längst aufgehört haben. Aber er muß ständig beweisen, daß man auch mit fast siebzig noch faszinierend ist. Wenn er abends zwischen der Band und dem Publikum steht, der Spot auf ihn gerichtet, dann zittern seine Knie, und das Gesicht hat rote Flecke. Er schafft es nicht, seine Aufregung unter Kontrolle zu halten. Weil seine Stimme ihre Kraft verloren hat, singt er nur wenig und redet viel. Er bittet um Sympathie. Die Passagiere sind menschlicher, als er zu hoffen gewagt hat. Sie klatschen Beifall.

Der Kreuzfahrtleiter dagegen, für den diese wie jede Reise kein Traum, sondern harte Arbeit ist, der mit den Fragen und Klagen der Passagiere menschlich umgehen muß und die Ansprüche der Künstler auf das Machbare zurückschraubt, ist ganz er selbst. Ruhig und ausgeglichen. Ich hätte ihn gern einmal gefragt, woher er die Geduld und die Kraft dafür nimmt. Aber das wäre dann noch eine weitere Frage an ihn gewesen. Er tut, was möglich ist, und verliert auch bei extravaganten Forderungen nicht die Nerven. In einer Sitzung – gleich zu Beginn der Reise –, wo Angebote und Wünsche von unserer Seite genannt werden, schafft er es, hinzuhören, Brauchbares aufzunehmen und bei Kaffee und Cognac – er selbst trinkt Saft – aus dieser Künstlerrunde von mehr als zwanzig Individualisten eine solidarische Gruppe zu machen, die sich für die Gäste verantwortlich fühlt und bereit ist, ihr Bestes zu geben.

Beim Hinausgehen kommt er auf mich zu: „Übrigens ..., wenn zu Ihren Gottesdiensten nicht viele kommen, dann nehmen Sie es nicht persönlich. Es hat nichts mit Ihnen zu tun. Sehen Sie ... zur Kirche gehen die Armen und Schwachen und Kranken ..., die haben wir hier auf dem Schiff nicht. Ich sage es nur, damit Sie nicht enttäuscht sind."

„Danke, sehr nett von Ihnen. Wir warten das mal ab!"

Die Proben für den ersten Vorstellungsabend dauern den ganzen Nachmittag. Meine drei Begrüßungssätze müssen nicht geprobt, aber doch überlegt sein.

Am Abend kommt dann als erstes das Stück der Ballett-Tänzer: Meditation. Aber es bringt in mir keine Saite zum Klingen. Ein mittlerer ästhetischer Reiz, mehr nicht. Ihre Füße kennen die Schritte, aber sie selbst sind nicht bei der Sache. Wie man die Oberfläche eines Kunstwerks nur von innen her schaffen kann, so muß es auch beim Tanz sein. Oder es bleibt eine Abfolge von Bewegungen, die leidlich stimmen. Das Publikum applaudiert. Vielleicht bin nur ich selbst nicht in Stimmung.

Der Zaubertrick klappt auf Anhieb. Erleichterung bei uns allen, denn gerade Jean war sehr nervös. Der Volkstanz und das Begrüßungslied „Glückliche Reise" werden eher gleichmütig hingenommen. Man wartet ab. Begeisterung dann bei den Kölner Karnevalsmusikern. Sie treffen mit ihren Liedern ins Schwarze und nehmen sich selbst auf die Schippe.

Ich sehe mir das an und weiß: Bei meinen Veranstaltungen darf kein falscher Zungenschlag sein. Lieber ein Wort weniger als zuviel. Keine Show! Aber auch ich hoffe auf ein freundliches Echo.

Zu den Künstlern, die länger auf dem Schiff sind, gehört als „Alleinunterhalter" der Pianist Ali – sein bürgerlicher Name ist Alfred. Er soll für „traumhafte Stimmung" sorgen, dabei hat er Mühe, seine wäßrigen Augen offenzuhalten. Immer wieder stellt man ihm Bier und Schnäpse auf den Flügel, damit er noch einmal spielt: „Anneliese, ach Anneliese, warum bist du böse auf mich?"

Ab heute will er nicht mehr trinken, gar nichts.

Als ich ihn, der behauptet, zehntausend Melodien im Kopf zu haben, frage, ob er wohl ein paar Lieder im Gottesdienst begleiten könne, zögert er. Ob ich denn die Klaviernoten hätte?

„Nein, nur die Melodie. Aber die linke Hand können Sie doch dazu spielen!"

Schulterzucken. Etwas später sagt er: „Na klar, mach ich! Zehn Uhr? So früh? Na gut! Für dich tu ich alles!"

Der Zusammenhalt unter den „Künstlern" ist diesmal besonders gut. Wir ermutigen uns gegenseitig und applaudieren; entschlossen, keinen hängen zu lassen. Jeder hat mal einen schlechten Tag. Der Conferencier schlägt vor, den Schlußgottesdienst gemeinsam zu gestalten. Er selbst sei „sehr gläubig" katholisch, aber nicht praktizierend. Er glaube an Gott. Er glaube auch an Wunder, an kleine jedenfalls.

Vor dem Mittag- und Abendessen ist Ali mit seinen Melodien dran. Zwei Stunden Musik pro Tag sind zu produzieren, dazwischen kurze Auftritte im Abendprogramm. So verdient er sein Geld. Er ißt Lachs und Kaviar, aber viel lieber wären ihm Pellkartoffeln zu Hause am Küchentisch, über dem eine Lampe hängt. Warmes Licht, keine Scheinwerfer. Was gäbe er darum, wenn seine Frau bei ihm geblieben wäre, wenn sie mit am Tisch säße und zu ihm sagte: „Nimm doch noch etwas Butter zu den Kartoffeln." Das wäre das Paradies. Dies hier ist trauriger Luxus. Aber besser als arbeitslos.

„Alle vierzehn Tage andere Künstler", sagt er, „das ist anstrengend, aber man gewöhnt sich daran. Manchmal sind nette dabei, die einem mal zuhören ... bei denen man spürt: Die mögen dich, auch wenn du betrunken bist."

Ich denke an den Text aus Jesaja 43 für die nächste Andacht, in der Ali die Lieder begleiten wird. Da heißt es von Gott her: „Du bist wertgeachtet in meinen Augen. Ich habe dich lieb. So fürchte dich nun nicht. Ich kenne dich mit Namen. Du gehörst mir." Ob er das nicht für sich hören könnte?

Aber Ali kam nicht. Er hatte wieder mal verschlafen.

Gegen zwei treffe ich ihn. Er entschuldigt sich, es täte ihm sehr leid. „Komm, trinken wir einen Kaffee in der Bar!"

Inzwischen liegen wir vor der schottischen Küste auf Reede.

Edinburgh bei Regen – alles grau in grau. Die Häuser geschwärzt vom Rauch der vielen Schornsteine, die dicht an dicht, schmal und streng auf den Dächern stehen – wie Figuren auf einem Schachbrett. Die Geschäfte liebenswert altmodisch.

Auf der Post versuche ich nach Deutschland zu telefonieren. Das ist langwierig und umständlich. Zuerst Schlangestehen zum Kauf einer Telefonkarte. Dann eine zweite Schlange vor der Telefonzelle. Der Zauberer ist gerade dran, aber es klappt nicht. Er hat Probleme mit der Vorwahl. Ich greife nach einem Stapel Broschüren mit dem Foto eines englisch gekleideten Thomas Gottschalk, der mit Melone und rotem Telefon zeigt, wie leicht es ist, nach Deutschland durchzuklingeln. Auf vier Seiten wird dieser Vorgang ganz einfach erklärt. Wetten, daß es nun auch der Zauberer schafft? Er schafft es! Ich auch.

Im Waverly-Geschäftszentrum – einer Mischung aus tropischen Gewächsen, Treppen, T-Shirts und Dingen, die niemand braucht – trinken wir einen Kaffee, „vienna style", und sehen uns den Montagsverkehr auf Edinburghs Straßen an. Wir laufen herum, bis wir vom Nieselregen ganz naß sind, und fahren mit dem Bus zum Schiff zurück. Das Schloß haben wir nur von außen gesehen. Leider! Aber selbstverständlich einen echten schottischen Dudelsackspieler.

Als wir zurück an Bord – geduscht und gefönt – beim Abendessen im Restaurant sitzen, kommt eine Durchsage von der Brücke, die um Aufmerksamkeit bittet:

Auf dem Achterdeck finde eine Hubschrauber-Übung der englischen Küstenwacht statt. Es sei nur eine Übung! Für alle Fälle!

Zwei der Künstler an unserem Tisch, die das Eisschollen-Unglück auf der „Maxim Gorki" miterlebt haben, werden blaß. Sie hören auf zu essen. Ich bin unbefangen und sehe mir das Manöver an. Der Helikopter kreist über dem Schiff. Eine Leine mit Karabinerhaken wird heruntergelassen. Der Mann auf dem Achterdeck befestigt den Haken an seinem Gürtel und wird nun hochgezogen. Es klappt auf Anhieb. Die Passagiere applaudieren, sie haben die Szene gefilmt. Dankbare Erleichterung. Im Ernstfall, wenn Eisschollen kommen, wird es also gutgehen. Aber wir sind zusammen mit der Besatzung fast tausend Menschen auf diesem Schiff!

Inzwischen ist es zehn Uhr abends, die Sonne scheint blaßgelb, heller als am Mittag. Das Meer ist grau, am Horizont lachsfarben. Immer wieder Möwen, die das Tempo des Schiffes – vierzehn Knoten – mithalten.

11. Juli

Welch ein Luxus! Ich habe nichts getan als geschlafen – die See war ruhig –, und nun liegen wir vor der Hauptinsel der Orkney-Gruppe.

Ich bin noch gar nicht ganz wach. Ein tiefes Glücksgefühl durchströmt mich. Es kommt von einem Traum, den ich hatte. Ich träumte, daß ich mit einem Pastor sprach. Er sagte: „Gottes Freundlichkeit ist größer als deine Schuld. Dir ist vergeben!"

Was für ein wunderbarer Traum! Und jetzt – im Wachsein – weiß ich gar nicht, was ich als Schuld empfunden hatte. Außer, daß es gestern nach der Fernsehansprache so ein ungutes Gefühl gab: Hatte ich mit meinen Worten Menschen gefallen wollen und das Evangelium verraten? War es das, was die Nacht über mit mir ging und dann am Morgen solch glückliche Befreiung erfuhr?

Martin Luther sagt, für die Sünde gibt es nur „zwei Orte": „Entweder ist sie bei dir, daß sie dir auf dem Halse liegt, oder sie liegt auf Christus ... Wenn sie nun dir auf dem Rücken liegt, so bist du verloren; wenn sie aber auf Christus ruht, so bist du frei und wirst selig. Nun greif zu, welches du willst ..."

Als ich aus meiner Kabine gehe, steckt ein Brief in der Plastikhalterung am Türrahmen. Herr M. schreibt:

„Danke für Ihre Worte über den Fernseher ... Ich habe verstanden, was Sie mir sagen wollten ..."

Ich bin ganz betroffen, weil ich trotz des langen Gesprächs mit Herrn M. nicht an ihn persönlich gedacht hatte, sondern möglichst alle Passagiere ansprechen wollte. Aber Gott hat seine Wege zu den Menschen. Und manchmal ist der Umweg über den Fernseher der direkteste Weg. Welch mutmachender Auftakt!

Zwischen Morgengymnastik und Mitternachtsbuffet gibt es heute etwa zwanzig Programmpunkte. Ich freue mich auf die Inselrundfahrt in einem Bus. Wie erholsam, nichts vorbereiten und planen zu müssen, sich einfach nur fahren zu lassen!

Das Land ist grün, leicht hügelig; ab und zu Schafe. Auf einem niedrigen Dach grast eine Ziege. Der Bus hält zum Fotografieren. Aber die Ziege ist heute nicht in Stimmung. Zu viele Touristen!

Immer wieder kleine Gehöfte, weit verstreut. Die Häuser von Erlen und Eichen umgeben. Ganz nah an den Häusern winzige Gärten mit Blumen, wenige Sorten nur, die den ständigen Wind aushalten.

Unser Ziel ist Skara Brae, ein von Sturm und Wasser freigelegtes, wiederausgegrabenes Steinzeitdorf. Mauern und Feuerstelle, Tische, Vorratskammern sind gut erkennbar. Skara Brae liegt in einer wunderschönen, weiten Bucht mit vielen vom Meer glattgeschliffenen Steinen. Oval und groß wie ein Ei, manche größer, aber von solcher Vollkommenheit, daß es schwerfällt, den schönsten auszusuchen. Ich nehme einen, der gerade noch in meine Hand paßt: hellgrau und stumpf, von kreisförmigen Linien durchzogen. Mein Stein begeistert mich viel mehr als der „Ring of Brodgar", vor dem der Bus nun hält. Hohe, fast scheibenförmige Granitfelsen stehen in einem großen Kreis. War das eine astronomische Uhr oder ein Platz zur Verehrung der Toten?

Wir gehen über das trockene Heidekraut und schauen auf zu den stummen Zeugen einer Vergangenheit, die wir nicht kennen. Ähnliche Steine gibt es ja auch in Südengland und anderswo.

Auf der Rückfahrt sitze ich neben einer jungen Frau. Ich frage sie nach ihrem Beruf. Sie sagt: „Verwaltung, Management! Aber ich bin noch in der Ausbildung." Wir reden eine Weile, dann meint sie: „Übrigens, der Klaus, mein Mann, der würde gern mal mit Ihnen sprechen. Kann er Sie mal anrufen?"

„Ja, natürlich."

Am frühen Nachmittag – alle sind wieder an Bord – fahren wir weiter in Richtung Island.

Ich gehe in meine Kabine und setze mich an meinen kleinen Tisch unter dem Bullauge. Ein paar Steine liegen da, nun kommt ein neuer hinzu. Gelber Hahnenfuß steht in einem Glas vor dem Spiegel. Für meine Bücher ist kaum Platz, aber ich brauche sie, um die Abendandacht vorzubereiten.

Der Wind wird stärker. Als ich gegen 17.00 Uhr zum Aufzug gehe, fährt er nicht mehr. Ab Windstärke 6 wird der Betrieb eingestellt.

Es sind viele Treppen bis zur Kapelle im obersten Deck. Dort oben spürt man den Seegang besonders stark. Ich muß mich festhalten. Frei zu stehen ist unmöglich. Die Passagiere haben es gut; sie sitzen in den Bankreihen. Ich verspreche, daß Singen gegen Seekrankheit hilft. Es stimmt. Aber anschließend, als ich wieder in meiner Kabine bin, muß ich mich schnell hinlegen.

Der Steward klopft an die Tür, um sich zu erkundigen. Als er mein Gesicht sieht, greift er in seine Westentasche und holt eine Tablette heraus. „Here! For you! Take this!"

Er bringt ein Tablett mit Tee und fett-triefenden Kokosmakronen, die ich schnell aus meinem Blickfeld rücke. Ab und zu klatscht ein Brecher gegen das Bullauge und taucht alles in ein grünes Licht, was das Wohlbefinden nicht steigert. Eigentlich bin ich heute abend zu portugiesischem Weißwein eingeladen, aber ich schaffe es kaum, meinen Tee zu trinken. Die Tablette macht müde. Ich schlafe ein wenig.

12. Juli

Ein Tag auf See. Die Windstärke schwankt zwischen 6 und 8. So spart die Küche etwa hundert Essen. Der Zauberer fragt sich, ob seine Nummer auch bei Seegang klappt. Bingo geht immer. Die Tanzstunde ist dünn besucht. Zwei Ehepaare haben beschlossen, von Island nach Hause zu fliegen. Wenn man zwei Tage lang seekrank ist, hat man nur noch einen Wunsch: festes Land unter den Füßen und als Horizont eine Linie, die sich nicht bewegt. Alle freuen sich auf Island.

Island

13. Juli

Die isländische Küste liegt noch im Dunst. Das Meer wird ruhiger. Eine Wohltat. Es ist gleich sieben Uhr früh. Ich bin auf dem Achterdeck. Wind, Wasser, ab und zu eine Möwe. Kein Reden. Keine Lautsprecher, kein Tellerklappern, keine Musik.

Immer wieder kleine schwarze Entenvögel, die vor dem Schiff fliehen. Flügelschlagend jagen sie über das Wasser, berühren die Oberfläche gerade noch. Sie laufen und rasen, bis der Sicherheitsabstand groß genug ist, dann tauchen sie weg.

Ich setze mich in einen aufgeklappten Liegestuhl – er ist noch etwas feucht, aber die Morgensonne wärmt schon ein wenig. Ich spüre das Salz in der Luft, mein Anorak klebt, die Stuhllehnen auch.

„Guten Morgen, Frau Pfarrer! Wie geht es Ihnen?"

„Danke, gut! Und Ihnen?"

„Ich sage immer: Gesundheit ist das wichtigste. Wenn ich morgens aufwache und gesund bin, dann danke ich Gott! Wem sollte ich sonst auch danken? Den Menschen vielleicht? Nee! Die machen einen doch nur kaputt. Trampeln einem auf den Nerven herum. Sehen Sie mal, wie sie die Stühle und Matratzen hier in die Ecke geschmissen haben! Das gehört sich doch nicht auf einem Luxusliner. Zwölfmal bin ich auf Schiffen gefahren, aber das gab's noch nie! Nee, nee ..."

So können Stühle einem die gute Laune verderben! Dabei scheint die Sonne, und das Meer liegt blauschwarz mit kleinen weißen Wellenkämmen unter uns.

Ich denke: Gott loben, ihm danken – und die Menschen hassen? Wie geht das? Ist es nicht Gotteslästerung, Gott von den Menschen, die er liebt, zu trennen?

Reykjavik

Die Sonne ist warm, 22 Grad. Das sind ungewöhnliche Temperaturen für Island. An der Ladentür eines Geschäftes hängt – schief – ein Schild: „Geschlossen wegen Sonne". Die Inhaberin liegt im Badeanzug auf ihrem Balkon. Diese Wärme ist ihr mehr wert als eine Tageseinnahme. Schiffe und Touristen kommen im Sommer jeden Tag.

Ich treffe eine andere Frau vom Schiff; sie ist ebenfalls mit dem Bus Nr. 4 vom Hafen in die Stadt gefahren. So gehen wir eine Weile durch die Straßen, kaufen Ansichtskarten und schreiben sie gleich auf einer Bank in den Grünanlagen. Später gehe ich ein Stück weiter den Hügel hinauf zur Kirche. Moderne Architektur, eine große, weiße Betonhalle, die für jeden anderen Zweck ebenso reizlos gewesen wäre. Aber der Blick über die Bucht von dort oben ist weit und schön. Das Institut, in dem die Handschriften der Sagas aufbewahrt werden, finde ich leider nicht. So geht es, wenn man ohne Gruppe und ortskundige Führer loszieht. Aber manchmal brauche ich das Alleinsein, und vieles nehme ich nur wahr, wenn ich allein gehe.

Abends auf dem Schiff ist es immer noch warm. Ganz dicht neben uns liegt die „Arkona", die alte „Astor", auf der ich meine erste Kreuzfahrt gemacht habe. Man hat sie mit anderen Farben gestrichen; sie wirkt fremd auf mich. Kurz vor uns verläßt sie den Hafen. Wir stehen an der Reling und sehen bei dem Wendemanöver zu. Die Frau neben mir sagt: „Ich bin so froh, daß ich diese Reise gebucht habe! Wenn ich daran denke, daß ich im Winter bei einer Schlittenfahrt fast ums Leben gekommen wäre ...! Aber jetzt will ich leben, das Leben genießen! Jetzt will ich endlich mal an mich denken! Immer habe ich mich um andere gekümmert, in unserer Gemeinde Leute besucht. Aber unser Pastor hat sich nie dafür bedankt. Nein, nein, man muß schon selbst darauf achten, daß man nicht zu kurz kommt. Jetzt will ich noch was vom Leben haben ... Zum Glück kann ich mir das leisten!"

Sie erkundigt sich nach den Morgenandachten. Auch das will

sie mitnehmen. Vielleicht sollten wir mal den Text aus Markus 8 lesen: vom Gewinnen und Verlieren des Lebens. Wer sein Leben verliert – um Jesu willen –, der wird es finden. Wer hingibt, der empfängt. Stimmt das? Und wie stimmt es?

Auf dem Weg zur Kabine treffe ich den Discjockey und seine Freundin. Weil er am Nachbartisch sitzt, kennen wir uns ganz gut. Ich frage ihn: „Waren Sie gestern auf dem Kostümfest?"

„Ja!"

„Als was?"

„Ich bin als Mensch gegangen!"

„Haben Sie sich verkleidet?"

„Nein, im Gegenteil, ich mußte meine Maske ablegen! Aber das kann man sich auf solch einem Schiff kaum leisten. 'Ne Maske hat was Gutes – als Schutz, meine ich! Also, dann bis später!"

14. Juli

Inzwischen sind wir an der Nordküste Islands, in Akureyri. Von dort will ich die Bustour ins Landesinnere mitmachen.

Wir fahren über Hochmoore und Lavafelder zum Mückensee. Über hundert Entenarten soll es dort geben: „Ein Paradies für Vogelfreunde und Fotografen!" Ich bin beides – ein wenig. Also nehme ich trockene Brötchen und meine Kamera mit. Aber leider darf der Bus nur bis auf zweihundert Meter an dieses Naturschutzgebiet heranfahren, so daß wir weder Mücken noch Enten sehen. Zwei grasende Ziegen sind bereit, meine Brötchen zu fressen.

Weiter geht die Fahrt zu einem Platz, wo die Erde noch warm ist: überall brodelnde Schlammlöcher. Die Wege sind abgesteckt. Es riecht stark nach Schwefel. Wir sammeln verschiedenfarbige Lavabrocken. Rundherum kahle Berge – wie Geröllhalden, Mondlandschaft! Aber hier lebt noch alles, während einige Kilometer weiter erstarrte Lavafelsen eng beieinander in einer Schlucht stehen. Man hat Angst, sich zwischen diesen bizarren Gebilden zu verlaufen.

Als wir uns der Küste nähern, wird das Land wieder grün. Überall klare Bäche.

Die Berge in der Ferne behäbig wie Elefanten, Rücken an Rücken. Oder flach wie Tische, über die ein Tischtuch geworfen ist. In den Falten noch Schnee. Eine Landschaft wie am ersten Tag. Niemand redet.

Später beim Abendessen – es gibt ein Island-Menü: Seezungenfilet, Lachs und Forellen – sagt die bulgarische Tänzerin: „Übrigens, was ich Sie immer schon mal fragen wollte: Gibt es in der evangelischen Kirche eigentlich noch die Beichte? Ich meine: Kommt so etwas noch vor?"

„Ja, es kommt vor. Aber selten. Wir haben da etwas ganz Wichtiges verloren und einfach keine neue Form dafür gefunden, daß Menschen all das, was sie belastet, aussprechen und davon freiwerden können. Es gibt das Gespräch und die Zusage der Vergebung. Aber das ist keine feste Einrichtung, nicht selbstverständlich ..."

„Ich weiß nicht", sagt die Tänzerin, „ob man diesen alten Brauch wieder aufnehmen sollte. Ich persönlich möchte zu dem stehen, was ich getan habe, und daran arbeiten und wachsen. Als Künstlerin sehe ich das vielleicht anders. Ich meine, jeder muß seinen eigenen Weg finden, mit seiner Schuld umzugehen."

Der Anlageberater und seine Frau am Nebentisch haben zugehört. Sie schweigen. Für sie ist das kein Thema. Früher haben sie einmal zur evangelischen Jugend gehört. Aber man wird erwachsen. Dann kommen Beruf und Familie, und diese Themen versinken. Kein böser Wille, es ist einfach so. Kirche wird etwas Fremdes.

Als ich vom Tisch aufstehe, sagen sie: „Wann ist Ihr nächster Gottesdienst?"

„Morgen früh um neun ist eine Andacht in der Kapelle!"

„Mal sehn, ob wir's schaffen!"

Und ich denke: Wie schwer ist es, zwischen Lachs und Kaviar von Schuld und Vergebung zu reden.

Polarmeer

15. Juli

Gestern abend haben wir den Hafen von Akureyri verlassen. Es war eine ruhige Nacht. In ein paar Stunden überqueren wir den nördlichen Wendekreis. Dann sind wir im Polarmeer. Es gibt, wie immer, die Polartaufe mit Glühwein und heißer Suppe. In das Außenschwimmbad wird heißes Wasser gepumpt. Ehe es ganz abgekühlt ist, müssen die Neuen der Besatzung hineinspringen. Wer zögert, dem hilft man nach. Passagiere dürfen auch. Neptun persönlich kommt und besteigt seinen Thron. Im Wasser schwimmen fünf kleine Teufelchen mit Schwänzen und Dreizack. Ihre rote Schminke löst sich von den Gesichtern und färbt das Wasser. Neptun hält seine Rede und übergibt als Herrscher der Meere dem Kapitän einen goldenen Schlüssel: Nun darf unser Schiff eindringen in die Eismeer-Gewässer. Unser griechischer Kapitän bedankt sich dafür mit einem Früchtekorb, den Neptun mit Würde entgegennimmt.

Auf keine Landschaft werden so viele Meter Film verschwendet wie auf solche Ereignisse. Was hinter diesem Schauspiel steht? Vielleicht das Wissen, daß es gefährlich ist, bestimmte Grenzen zu überschreiten. Daß dem Menschen nicht alles offensteht: Er braucht eine Einlaßerlaubnis – erst dann kann sein Vorhaben gelingen.

Anscheinend hat diese Grenzüberschreitung auch bei mir etwas ausgelöst. Ich habe plötzlich das Gefühl: Jetzt bin ich von Frau Hansen, mit der wir Streit haben, so weit entfernt, daß ich ihr eigentlich einmal schreiben könnte. Wenn man im selben Stadtteil wohnt, geht es schlecht. Es erschiene mir so unnatürlich. Unser Streit dauert schon viele Jahre. Beschimpfungen und böse Blicke. Alle Versuche, ein erträgliches Verhältnis herzustellen, sind gescheitert.

Nun also – jenseits des nördlichen Wendekreises – bitte ich Gott erneut um ein Wunder und schreibe ihr einen Brief. Er wird nicht lang. Eine Seite. Ich sage ihr, daß dieser Streit meine Lebensfreude so sehr beeinträchtigt und ja auch nicht recht ist. Ob es für sie nicht ebenfalls schöner wäre, wenn wir einen freundlicheren Ton fänden, böse Worte verzeihen könnten ..., daß wir uns nach den Ferien vielleicht einmal treffen könnten, in einem Café oder wo immer es ihr recht wäre ... Ich würde mich sehr freuen. Mit freundlichen Grüßen.

Vom nördlichsten Postamt der Welt – auf Spitzbergen – werde ich diesen Brief abschicken. Wenn sie ihn doch so lesen könnte, wie ich ihn gemeint habe! Aber wie wird mein Mann reagieren? Er weiß ja nichts von diesem Brief! – Und er ist noch viel tiefer verletzt und verbittert. Als der Umschlag zugeklebt, frankiert und am Postschalter des Schiffs abgegeben ist, fühle ich mich befreit. Geradezu fröhlich. Ich kann mich jetzt ganz ungeteilt meiner Arbeit zuwenden. Es ist Sonnabend. Heute gegen 18.00 Uhr ist das „Wort zum Sonntag" dran. Ich habe mir schon in Hamburg überlegt, daß ich vielleicht einige Verse aus der „Edda" – sie ist um 1250 auf Island entstanden – als Ausgangspunkt nehmen könnte.

Da heißt es:

„Ganz unglücklich ist niemand,
ist er gleich nicht gesund:
Einer hat an Söhnen Segen,
einer an Freunden,
einer an vielem Gut,
einer an trefflichem Tun."

Gibt es etwas, wofür ich Gott danken könnte? Gott wartet darauf. Das Danken öffnet mein Herz und macht mich bereit, neue Gaben von Gott zu empfangen. Sonst ist mein Leben ohne Glanz.

Als wir die unbewohnte Insel Jan Mayen passieren, liegt der hohe Schneekegel ganz klar vor uns. Blauer Himmel und Sonne – als wären wir im Mittelmeer. Solch gute Sicht gibt es nur an etwa zwanzig Tagen im Jahr! Und einen davon haben wir. Die Stimmung unter den Passagieren ist gut. Unser Schiff verlangsamt sein Tempo: zwei Knoten! Durch die Lautsprecher heißt es: Foto-Stop!

Wir drängeln uns an der Reling. Im Norden – also direkt vor uns – liegt ein dunkelgrauer Streifen am Horizont. Massiv wie Land, aber es kann kein Land sein. Kaum haben wir Jan Mayen hinter uns gelassen, kommt diese graue Wand auf uns zu, sie wächst. Der weiße Gipfel verschwindet vor unseren Augen. Nebelschwaden, feuchte Kälte. Nur wenige Minuten später ist auch das Meer grau. Wir sind in einer Nebelwand. Gerade jetzt. Nicht weit von hier passierte vor ein paar Wochen das Eisschollen-Unglück. Wir gehen in die Gesellschaftsräume, die Stimmung ist gedämpft. Ein Ehepaar lädt mich zu einem Cappuccino ein. Als ich gehe, sagen sie: „Wir freuen uns schon auf Ihre Predigt! Bis morgen also!" Wie schön, wenn sich schon jemand im voraus freut. Die Geschichte von der Blindenheilung ist dran. Dieser Mann – so wird berichtet – ist blind, damit Gott durch die Heilung verherrlicht und angebetet wird. Alles, was mir fehlt, und alles, was ich habe, soll der Verherrlichung des Vaters dienen, dazu leben wir.

Sind wir in diesem dichten Nebel nicht auch wie Blinde? Wird das Radarsystem Eisfelder rechtzeitig entdecken? Zum Glück ist es nicht dunkel, und zum Glück sind wir in Gottes Hand.

16. Juli

Ein stiller, grauer Sonntagmorgen, acht Uhr. Es war eine ruhige Nacht. Der Nebel hat sich gelichtet. Keine Eisscholle weit und breit. Gott sei Dank!

Ich gehe ins Restaurant und bin allein am Tisch. Die meisten Gäste schlafen noch. Mir gegenüber, rechts neben der Küchentür, steht die Phalanx der Stewards. Ihre Aufgabe ist es, die Gäste – oder genauer: deren Kaffeetassen – immer im Blick zu haben.

Sinkt der Kaffeespiegel unter ein Drittel, stürzen sie sich auf eben diese Tassen und füllen sie wieder auf.

Der Kaffee wird nie alle, aber er ist auch nie richtig heiß. Doch wer brächte es übers Herz, bei so liebevoller Aufmerksamkeit auch noch Kritik zu üben. Inzwischen wissen die Stewards, wer seinen Kaffee „schwarz" trinkt, wer Milch nimmt und wieviel. Sie kennen auch die Teetrinker. Aber wie sollen sie wissen, daß sich die Entscheidung „Kaffee oder Tee" bei mir nach dem Seegang richtet! Ab Windstärke 6 trinke ich Tee.

Die eigentliche Kunst der Stewards aber besteht darin, immer alles im Blick zu haben, ohne den Gästen das Gefühl zu geben, beobachtet zu werden. Wie sie das machen? Ihr Blick schwebt etwa drei Zentimeter über den Köpfen der Gäste – so wie Raubvögel über ihrer Beute kreisen. Ist eine fast leere Tasse gesichtet, geht es im Sturzflug darauf zu.

Es funktioniert todsicher, daß man eigentlich die Kosten für den Obersteward, der wiederum seine Phalanx fest im Blick hat, sparen könnte. Aber wahrscheinlich hängt alles an seiner lächelnden Präsenz. Er braucht nicht mehr zu schleppen, zu hetzen, zu rennen, die Küchentür mit Fuß oder Knie aufzustoßen – er muß nur da sein. Die Zeit des Rennens hat er hinter sich. Streß gibt es nur noch für seine Seele, wenn nie zufriedene Gäste sich über Vorsuppe oder Dessert beklagen. Ob dieses ständige Bedienen, das Sich-Verbeugen nicht mit der Zeit den Charakter eines Menschen verändert? Wieviele Extrawünsche verträgt ein Mensch? Wie lange kann man freundlich bleiben?

Langsam füllt sich das Restaurant. Ich werde jetzt in die Kabine zurückgehen und noch ein wenig arbeiten. Das Wetter ist nicht gut: Es ist feucht und kalt. Die Liegestühle oder das Fotografieren an Deck sind heute keine Konkurrenz zum Gottesdienstangebot. Alle Künstler wünschen sich während ihrer Darbietungen schlechtes Wetter. Ich auch.

Wir haben inzwischen die halbe Kreuzfahrt hinter uns. Da gibt es bei vielen Passagieren ein kleines Tief. Auch ich dachte gestern:

Jetzt wäre ich gern wieder zu Hause bei meiner Familie! Als ich das am Tisch sagte, stimmten alle zu. Deshalb wird das Bordprogramm an diesen Tagen voll „aufgedreht“: Für die Damen gibt es die Ladywahl, für Sportsfreunde Tischtennis- und Volleyballturniere, Tontaubenschießen, Schach- und Skatrunden. Postschalter, Reisebüro und Bibliothek sind geöffnet.

„Wenn Sie Fragen oder Wünsche haben – Frau Lauterberg erwartet Sie im Foyer. In der Hafenbar spielt Ali für Sie.“

So werden Aggressionen abgebaut, Kompromisse ausgehandelt, Sonderwünsche erfüllt – damit das Schiff ein Traumschiff bleibt. Für hartnäckige Fälle wird autogenes Training angeboten, für noch schwierigere: ein Gespräch mit dem Bordpfarrer. Oberstes Ziel: ein reibungsloses Nebeneinander der 640 Pasagiere auf einem Schiff, das 196 Meter lang und 24,5 Meter breit ist. Landausflüge, Sauna, Bordkino und Bar helfen beim „Entstressen“.

Eigentlich bewundere ich die Passagiere mit ihrer Entschlossenheit zum Glück. Die Reise ist teuer, nun will man sie auch genießen. Es sind Ferien, und vieles wird geduldig hingenommen. Enttäuschungen schluckt man hinunter. Das Schöne soll festgehalten werden – vor allem mit der Kamera –, denn davon will man später den Freunden berichten. Und im Rückblick war einfach alles schön.

Als wir an diesem Tag des Reisetiefs beim Mittagessen sitzen, sagt die bulgarische Tänzerin: „Als wir vor ein paar Wochen das Eisschollen-Unglück miterlebten und da vier Stunden im Rettungsboot neben der Bordwand hingen – das Boot konnte ja wegen der Eisschollen nicht heruntergelassen werden –, da hab ich mir geschworen, jeden Sonntag in einen Gottesdienst zu gehen; ganz egal, in welchen. Aber nun hatten wir heute, am Sonntagmorgen, schon wieder Proben für die Modenschau und die Ladywahl.“

Ich schlage ihr vor: „Kommen Sie morgen früh um neun in die Morgenandacht!“

„Da schlafe ich noch!“

„Am nächsten Sonntag ist ein Abendgottesdienst um 18.00 Uhr!“

„Mal sehn!“

So eng sieht man Gelübde nicht. Es genügt eigentlich, davon zu erzählen. Das ist Bekenntnis genug und fast schon die Erfüllung des Versprechens. Aber sie kam tatsächlich und legte einen großen Schein in den Kollektenkorb.

Kaum bin ich wieder in meiner Kabine, da ruft mich Claudia an. Ihr Job ist es, die Gäste morgens über das Bordradio fröhlich zu wecken und sie zum Aufstehen zu ermuntern: „Rechtes Auge auf! Rechtes Auge zu! Linkes Auge auf! Und jetzt beide!“

Außerdem werden Windstärke, Außentemperaturen und das Tagesprogramm mitgeteilt.

Claudia fragt mich: „Sagen Sie, hab'n Sie mal so'n paar Bibelsprüche fürs Wecken? So was zum Morgen? Nicht zu fromm! Mehr so allgemein, ja? Und was Positives! Legen Sie's mir in die Rezeption? Danke und bis später!“

Mit Hilfe von Konkordanz und Gedächtnis suche ich etwas „Passendes“ und habe zugleich Skrupel: Wieviel Anpassung kann sich die Kirche denn leisten?

Spitzbergen

17./18. Juli

Bin ich auf Reisen ein anderer Mensch – mit größerer Intensität des Wahrnehmens und Erlebens? Aufgeschlossener, betroffener? Das Sehen zum ersten Mal! Nicht das Gewohnte, Vertraute, sondern das Neue. Und das Neue hat schärfere Konturen und klarere Farben. Hugo von Hofmannsthal sagt: „Wo ist dein Selbst zu finden? Immer in der tiefsten Bezauberung, die du erlitten hast."

Spitzbergen zum ersten Mal! Diese große starre Landschaft mit ihren fast schwarzen Bergen: schroff, kalt, abweisend. Dazwischen breite Gletscher und Schneefelder, beinahe einladend freundlich. Doch nur aus der Ferne. Dort, wo die tonnenschweren Eisbrocken vom Gletscher abbrechen und ins Meer fallen, steht schroff eine Eiswand, türkisblau. Der Gletscher „kalbt". Die bizarren Eisgebilde tauchen ein in das dunkle Wasser des Fjords. Leicht wie ein Traum schwimmen sie mit der Strömung auf das offene Meer zu. Diese Freiheit kostet ihr Leben. Aber noch genießen sie das Spiel mit der Sonne, Wind und Wasser. Immer wieder verändert sich ihre Form. Sind sie Schwan oder Delphin, Kristall oder Krone? Sie sind, was immer die Phantasie in ihnen erblickt.

Wir liegen jetzt auf Reede im Magdalenen-Fjord. Die Schönheit dieser Eisberge täuscht darüber hinweg, wie gefährlich sie für unser Schiff sind. Als einer von ihnen zu nahe an die Schiffsschraube herankommt, lassen die Männer von der Besatzung ein Boot herunter und schieben den Koloß mit langen Stangen in eine andere Richtung – leicht, wie Kinder Eischneeklößchen an den Tellerrand schieben.

Alle fotografieren diese „Beinahe-Kollision". Auch ich laufe mit meiner Kamera an die Reling. Zu dem Zeitpunkt weiß ich noch nicht, daß nur schwarze Filmstreifen als Erinnerung bleiben werden, weil der Verschluß meiner Kamera nicht funktioniert.

Die Berge Spitzbergens sind wirklich spitz. So, wie Kinder Berge malen und sich fragen, ob dort oben auf der Spitze wohl ein Mensch stehen kann.

Am frühen Nachmittag nimmt unser Schiff Kurs auf die Packeisgrenze. Zwischen 2.00 und 3.00 Uhr heute nacht würden wir sie erreichen, so heißt es von der Brücke. Mit Ferngläsern und großen Objektiven versuchen die Passagiere in dieser hellen, klaren Polarnacht, das Eis noch näher heranzuholen. Der Kapitän will kein Risiko eingehen, er hält einen größeren Abstand als auf früheren Fahrten. Niemand beschwert sich.

Das Eis schwimmt wie eine dicke Plattform auf dem Meer. Möwen, Enten – schneidender Wind, sonst nichts. Aber es ist wunderbar, wie die Sonne den Schnee, der dünn auf dem Eis liegt, zum Leuchten bringt. Er blendet. Als wir es vor Kälte nicht mehr aushalten und das Schiff langsam beidreht, gehen wir in die Gesellschaftsräume zurück – aus der eisigen Helligkeit in das gedämpfte Licht. Wärme und leise Musik. Eine heiße Suppe gibt es oder Glühwein. Die Unterhaltung – anfangs zögernd und leise – normalisiert sich. Wir sitzen noch eine Weile an den Tischen zusammen, aber langsam gewinnt die Müdigkeit Oberhand, und man geht schlafen. Obwohl ich die Gardinen vor das Bullauge ziehe, wird es nie ganz dunkel.

Am folgenden Tag liegt unser Schiff im Königsfjord. Heute gehen wir an Land. „Spaziergang am Gletscher" heißt dieser Programmpunkt. Weil es für unsere Boote keine Möglichkeiten zum Anlegen gibt, wird ein Ponton mit einem Steg hinübertransportiert und dort befestigt. Eine Aktion, die mehrere Stunden dauert. Aber nur so können wir dieses nördlichste Land betreten. Zwei Boote fahren ständig zwischen dem Luxusliner und der kahlen Landzunge Spitzbergens hin und her. So lange, bis alle Passagiere drüben sind und die ersten dann schon wieder zurückwollen. Die Reiseleiter haben einen großen Schirm in den Sand gesteckt und darunter einen Stand aufgebaut, damit auch hier Hamburger, Ketchup und heiße Getränke nicht fehlen.

Es sind tatsächlich 12 Grad „Wärme"! Hochsommer auf Spitzbergen! Ein leichter Regen, aber wie schön, sich frei bewegen zu können! Am Strand entlang oder ein Stück die ansteigenden, felsigen Hänge hinauf. Nur das Nistgebiet der Seeschwalben dürfen wir nicht betreten. Einige tun es dennoch. Todesmutig stürzen sich die Vögel auf die Eindringlinge und kreisen laut schreiend über ihren Köpfen. Die Menschen geraten in Panik, sie schwenken

Tücher und heben die Arme – eine Hitchcockszene. Schließlich haben sie den Sandstreifen erreicht. Die Vögel beruhigen sich nur langsam.

Am Ende der Landzunge in der kleinen Bucht liegt ein gestrandetes Boot. Der Sturm hat es hierher getrieben. Nun liegt es da und rostet vor sich hin. Dahinter Felsen – von niedrigen Gräsern und Moosen überwuchert, winzige rosa und orangefarbene Blüten. Blumenpflücken ist verboten. Steinesammeln erlaubt. Und ich kann es auch hier nicht lassen. Meine Manteltaschen ziehen bereits schwer nach unten. Einen besonders schönen habe ich in der Hand. Eine Frau, die ihn sieht, meint: „Ist der schön!" Wir sprechen über diese unüberschaubare Menge von hellgrauen, rundgeschliffenen Steinen. Sprechen über die Landschaft. So gibt mir dieser stumme Stein Gelegenheit, mit Menschen zu reden, die ich weder bei den Mahlzeiten noch in meinen Veranstaltungen treffe. Viel Freundlichkeit kommt mir entgegen. Inzwischen kennen mich die Passagiere, jedenfalls vom Kabinen-Fernsehen her.

Und es ist ganz unverfänglich, einfach über Steine zu reden und dabei zu testen: Was ist sie für ein Mensch? Ganz normal? Hat man aber erst einmal miteinander gesprochen, trifft man sich immer wieder und kann auch über andere Dinge reden. Steine als Eisbrecher!

Und während ich noch ein Stück über die Felsen klettere, denke ich: Wie lange könnte ich diese kahle Einsamkeit ertragen? Wenn ich allein hier wäre, wie lange hielte ich das aus? Drei Tage? Drei Wochen? Länger wohl nicht.

Es gibt nur das Grau-Schwarz und Weiß der Berge, ockerfarbene Algen und Gräser, schwachgrüne Moos und das sandfarbene Ufer. Schöne gedämpfte Töne. Bei Sonne viel leuchtender. Aber ich brauche immer Menschen. Jedenfalls *einen* anderen Menschen, der sich mit mir freut, wenn ich sage: „Guck mal, wie schön! Ist das nicht herrlich?" Ich brauche einen Kompagnon der Freude.

Nach diesem Landausflug – und neuen Steinen auf meinem Tisch – sind wir wieder für einige Zeit auf unserem Schiff. In

Longyearbyen, der Poststation Spitzbergens, fährt nur die Reiseleitung an Land, um unsere Postkarten und Briefe – insgesamt viertausend! – aufzugeben. Es ist der Ort, wo die Passagiere der „Maxim Gorki" damals in Kirche und Krankenhaus Zuflucht fanden. Wo es heiße Suppe, Wolldecken, Rasierapparate und Zahnbürsten gab. Es gab damals auch Dankgebete und Lieder oder jedenfalls ein erleichtertes Lächeln. Manche schliefen vor Erschöpfung sofort ein. Aber alle waren tief bewegt von soviel Hilfsbereitschaft und Freundlichkeit.

Später das Abendessen. Es gibt Hummerkrabben und Rentierfleisch. Heute ist ein Extra-Buffet aufgebaut mit Früchten, Eis und Kaffee. Der ältere Herr am Nebentisch lehnt sich zurück: „Ich hätte ja gern noch ein Eis!"

„Darf ich Ihnen eins mitbringen? Ich hole mir sowieso etwas vom Buffet."

„Das kann ich nicht verlangen!"

„Tun Sie ja auch nicht. Ich biete es Ihnen ja an!"

„Na gut. Dann zwei Kugeln Vanille-Eis, bitte."

Er ißt das Eis und genießt es. Etwas später meint seine Frau: „Ich hätte ja gern einen Kaffee!"

Ihr Mann erhebt sich: „Soll ich dir einen holen?"

„Das würdest du tun?"

„Ja."

Er stellt seiner Frau den Kaffee hin. Sie hat Tränen in den Augen. „Noch nie hast du mir einen Kaffee eingeschenkt! Das ist die schönste Reise meines Lebens!"

Gespräche unterwegs

19. Juli

Dieser trübe, regnerische Tag zwischen Spitzbergen und dem Nordkap ist für mich voller Licht und Freude. Weil die Uhr wieder eine Stunde vorgestellt wurde und wohl auch wegen der nicht untergehenden Sonne, die uns alle bis spät in die Nacht an Deck festhielt, sind heute morgen nur drei Passagiere in der Kapelle zur Andacht. Was soll ich tun? Einen Psalm könnten wir zusammen lesen und ein Gebet sprechen – aber die Ansprache und das Singen? Wenn es wenigstens fünf wären!

Ich bitte Gott um zwei Menschen mehr. Ich sage: „Herr, es singt sich sonst so schlecht. Dein Lob soll nicht so trübe klingen!" Und mir war, als ob Gott sagte: „Warum bittest du nur um zwei? Traust du mir mehr nicht zu?" „Dann laß dein Haus voll werden!"

Ich sitze in der ersten Reihe. Das Licht, das durch die hintere Eingangstür der Kapelle auf die glattgeschliffene Frontseite des Altars fällt, wird immer für einen Moment verdunkelt, wenn ein weiterer Gottesdienstbesucher eintritt.

So sehe ich nun, ohne mich umzudrehen, wie einer nach dem andern in die Kapelle kommt. Als ich nach ein paar Minuten aufstehe und mich der Gemeinde zuwende, ist der Raum voll. Immer mehr kommen. Sie müssen auf den Klappstühlen an den Seitenwänden Platz nehmen. Ich atme tief durch, um ganz gelassen zu erscheinen, und wünsche allen einen „Guten Morgen". Wie gern hätte ich gesagt, was mich in diesem Moment bewegt! Aber ich tue es nicht.

Nach der Andacht fragt mich ein Passagier: „Woher wußten Sie, daß gerade dieser Text für mich so wichtig war?"

Über Gebundensein und Freiheit hatte ich gesprochen. Paulus ist nur frei als Knecht Jesu Christi, als Gebundener und Geführter. Erst nachdem ihn ein Licht vom Himmel geblendet hat, sieht er, wen er bisher verfolgt hat. Jesus selbst!

Ein katholisches Ehepaar wartet am Ausgang auf mich. Ein Gespräch beginnt. Da wir an der Treppe stehen und das Schiff wieder zu schaukeln anfängt – oder eher zu stampfen –, beschließen wir, in das Restaurant zu gehen und dort bei einem zweiten Kaffee weiterzureden.

Herr Kemper erzählt von seinem Unternehmen, das Kosmetikartikel herstellt. Gerade habe er eine weitere Filiale in New York eröffnet, eine Existenz für seine jüngste Tochter. Aber auch den Kölner Betrieb hätten seine vier Söhne weitgehend übernommen. Er arbeite jetzt zusammen mit seiner Frau aktiv in der Gemeinde mit; das sei ihm sehr wichtig.

Wir sprechen weiter über dieses und jenes. Ich erfahre, aus wieviel verschiedenen Tierhaaren Kosmetikpinsel hergestellt werden und daß man dazu Abfallprodukte der Pelzhandlungen verwendet. Als ich gestehe, keinen solcher Pinsel zu besitzen, verspricht er mir, ein kleines Sortiment zu schicken. Dann sagt er ganz unvermittelt: „Könnten wir hier auf dem Schiff nicht mal zusammen beten? ... für die Gottesdienste und Andachten, für all die Menschen auf dem Schiff?"

Er ahnt nicht, wie mich diese Frage erschlägt. Während der ganzen Reise hatte ich Gott immer wieder um Menschen gebeten, mit denen ich nicht nur reden und lachen, essen und trinken konnte, sondern auch beten. Wie merkwürdig: Man bittet um etwas, aber rechnet nicht damit, daß es geschieht.

Ich sage – meine Verwirrung verbergend – so leichthin wie möglich: „Ja, gern! Wollen wir uns morgen früh in der Kapelle treffen? Vielleicht kommt unsere Organistin noch dazu. Und ihr Mann vielleicht auch!"

Ich bitte Herrn Kemper, morgen in der Andacht Psalm 65 zu lesen, in dem der schöne Satz steht: „Du, Gott, erhörst Gebet. Darum kommen alle Menschen zu dir." Später werde ich ihm sagen, warum es gerade dieser Vers sein mußte.

Mein Glück ist so groß, daß ich denke, es kann nie mehr aufhören.

Nach dem Mittagessen, als wir noch am Tisch sitzen, kommt unser Bar-Pianist und setzt sich dazu. Ihm ist etwas sentimental zumute. Er möchte reden und braucht Zuhörer. Von alten Zeiten träumt er, als er Josefine Baker begleitete. Wie er zusammen mit seiner Frau in Paris aufgetreten ist. Im Olympia! Jetzt ist alles anders ...

Ali wischt sich die Tränen aus den Augen. Diese halbe Minute des Schweigens nutzt unser Sänger, um mit seiner noch ruhmreicheren Vergangenheit zuzuschlagen:

Fernsehen und Cabaret!

Ich denke: Wie schrecklich, wenn man sich selbst so rühmen muß! „Ich danke dir, Gott, daß ich nicht so bin!“ Ich erschrecke, denn so hat schon einmal ein Mensch geredet – in einem Tempel. Die Bibel nennt ihn Pharisäer.

„Ach“, sagt der Pianist, der immer noch unter seinem gestrigen Alkoholkonsum leidet, „ich habe soviel falsch gemacht in meinem Leben. Jetzt bin ich fast sechzig, und alles ist kaputt: meine Ehe, meine Karriere ... Ob Gott mir das je verzeiht?“

„Und dieser – der Zöllner – ging hinab gerechtfertigt“, heißt es in Lukas 18.

20. Juli

Um Mitternacht sind wir wie geplant am Nordkap. Ich gehe nur ein Stück an der Küste spazieren. Die Busfahrt auf das Kap hinauf ist teuer, und ich war früher schon dort.

Ich freue mich über das viele Grün, es gibt hier schon wieder richtiges Gras und tiefblaue Glockenblumen, auch Wolfsmilch und Hahnenfuß. Die Farben sind ganz intensiv. Ich pflücke einen großen Strauß für die Kapelle, damit der Altar nicht so kahl und leer aussieht.

Inzwischen ist die Sonne hinter der Wolkenwand hervorgekommen. Mitternachtssonne am Nordkap! Einmal bei zehn Reisen hat man solches Glück. Die Passagiere kommen ganz erfüllt zurück.

Sie hatten den weiten Blick auf das Meer, und die Sonne tauchte alles in Gold und Licht. Sie bleibt auch noch, als wir gegen zwei Uhr nachts ablegen und Kurs auf Tromsö nehmen.

Eine herrliche Fahrt durch die vorgelagerten Inseln und Felsen – und wieder eine kurze Nacht. Bei so viel Licht braucht man wohl weniger Schlaf. Aber manchmal bin ich müde, auch etwas kreuzfahrtmüde. Drei Worte zum Beispiel kann ich nicht mehr hören: „Einen wunderschönen Abend!“, den die Reiseleitung jeweils wünscht; „Eine zauberhafte Stimmung“, die der Conferencier ständig beschwört, und: die „traumhafte Darbietung der Künstler“. Bin ich eifersüchtig, weil ich mit solchen Prädikaten nicht belegt werde? Aber diese Inflation von Superlativen ist schwer zu ertragen. Und ich frage mich, ob es nicht auch eine Inflation von Bibelworten ist, wenn jeden Tag ein Gottesdienst, eine Andacht oder eine Fernsehansprache stattfindet?

Zu Hause, das weiß ich, werde ich erst einmal nicht mehr „reden“, sondern still sein und hören. Und in ein paar Tagen ist die Kreuzfahrt zu Ende.

Den Tisch-Stewards muß es ähnlich gehen. Zu jeder Mahlzeit: Aufdecken, Servieren, Abräumen – immer mit gleicher Freundlichkeit. Dann, am Ende der Reise, nach einem halben Tag Pause – nur das Mittagessen fällt aus – kommen die neuen Gäste, die alles noch ganz aufmerksam wahrnehmen und einen Superservice erwarten. Niemand kann länger als vier, höchstens sechs Monate auf dem Schiff arbeiten. Dazu ist der Lebensraum zu eng und die Arbeit zu hart. Alles, damit das Schiff ein Traumschiff bleibt.

21./22. Juli

Das letzte Wochenende hat noch ein volles Programm: Heute ein ökumenischer Abendmahlsgottesdienst – von den Gästen so gewünscht. Ich freue mich, daß wir eine Form gefunden haben, in der Katholiken und Lutheraner zusammen zum Abendmahl gehen können. Wir sind während dieser Reise so sehr zu einer Gemeinde geworden, daß es nicht denkbar gewesen wäre, „einfach so" auseinander zu gehen. Was „an Land" noch nicht möglich ist, die Abendmahlsgemeinschaft, ist hier auf dem Schiff Anlaß großer Freude.

Und für morgen ist eine besondere Andacht geplant. Es gibt drei Ehepaare, die in diesen Wochen Silberhochzeit hatten, und ein Paar, das sein vierzigjähriges Ehejubiläum feiert. Sie hatten um eine „Gedenkfeier" gebeten. Unser spanischer Musiker ist bereit, auf seiner elektronischen Orgel eine feierliche Einzugsmusik zu spielen.

Der italienische Sänger wollte einen Psalm lesen. Internationaler geht es nicht. Außerdem gibt es an diesem Wochenende noch „Das Wort zum Sonntag" und den Sonntagsgottesdienst.

Die Künstler sind mit ihrer Abschluß-Show beschäftigt. Einer der Komiker fragt mich, ob ich bei seiner Nummer mitmachen würde.

„Kommt drauf an, was Sie mit mir vorhaben."

„Nichts Schlimmes! Ganz harmlos, Ehrenwort!"

„Gut, okay! Wir telefonieren dann noch mal!"

Er erklärt mir am Telefon ein paar Details. Dann sagt er: „Übrigens, da ich Sie gerade an der Strippe habe ..., hätten Se mal so 'n gutes Zehnminütche-Viertelstündche Zeit für mich?"

„Ja, natürlich. Wie wär's morgen, gegen elf?"

„Geht's auch nach dem Mittagessen? Trinken wir 'nen Espresso in der Bar?"

„Gut."

Nach unserem Gespräch denke ich: Wie schwer ist es, einen Beruf zu haben, in dem man immerzu andere zum Lachen bringen soll, wenn einem selbst eher zum Weinen zumute ist!

Der Show-Abend lief gut. Auch „unsere" Nummer erhielt großen Applaus. Einer der Komiker hatte zwei ältere Herren aus dem Publikum und mich nach vorn gebeten. Einzige Bedingung: Wir sollten zu allem, was er verlangte, „Ja" sagen.

Zu dem ersten Gast sagte er: „Gehen Sie an die Theke und bestellen Sie vier Bier!"

„Ja."

Er ging.

Zum nächsten: „Gehen Sie an die Theke und bestellen Sie vier Doppelkorn!"

„Ja!"

„Und, Frau Pastorin, gehen Sie an die Theke und bezahlen das Ganze!"

Daß wir das Bier dann auch noch tranken, löste erneute Begeisterung aus. Offenbar hatte man mir das nicht zugetraut.

Die kleine Holzkirche von Gravdal

Dieser Tag auf den Lofoten war für mich einer der schönsten. Zusammen mit einigen der Künstler fuhr ich an Land. Das Tenderboot brachte uns in einer Viertelstunde vom Schiff zum Hafen Gravdal. Große, violette Feuerquallen schwammen im Wasser. Auf einem Hügel die rot-weiße Holzkirche – ein Rot wie Ochsenblut.

Die schweren grauen Wolken der letzten Tage lösten sich auf. Hin und wieder schien die Sonne, und kaum waren wir an Land, legte sich auch der Wind. Der Himmel war jetzt ganz blau.

Um uns herum hohe blühende Wiesen mit violettem Storchenschnabel und immer wieder: Hahnenfuß, Kuckuckslichtnelke, Bachwurz und Wolfsmilch. Blumen, die bei uns Anfang Juni blühen. Hier schaffen sie es gerade noch zum Ende des kurzen Sommers. Überall schwarze Granitfelsen, die weit ins Land hinausragen. Eine überwältigend schöne Landschaft. In der Ferne schroff aufragende Berge.

Um so mehr stört es mich, daß in unserer Gruppe ständig gewitzelt und geblödelt wird. Man mokiert sich über alles und jedes, schießt halbfaule Pilze in die Luft. Alberne Gruppenfotos werden gemacht. Aber dann gehen doch alle – wie in stiller Verabredung – auf die Kirche zu. „Hoffentlich ist sie geöffnet!"

Die Tür ist offen.

Sie durchstreifen den Raum wie einen Trödelmarkt. Alles wird angefaßt, fotografiert, kommentiert. Die Heizung funktioniere gut. Wie alt diese Kirche wohl sei? Ein norwegisches Mädchen, das hier den Küsterdienst versieht – oder auch nur die Touristen im Blick haben soll –, gibt freundlich Auskunft. Deutsch habe sie in der Schule gelernt. Sie spricht nur, wenn wir sie fragen. Sie weiß: Menschen brauchen in einer Kirche Ruhe, Konzentration, keine Ablenkung. Doch es ist schwer, nach dem bunten Kaleidoskop des Bordprogramms wieder zur Ruhe zu kommen.

Ich denke: Schade, daß wir uns als Gruppe, die sich nun seit zwei Wochen kennt, nicht einfach in die Bänke setzen und einen Psalm lesen können. Oder ein Gebet sprechen. Diese Art von Gemeinschaft fehlt mir. Aber was erwarte ich denn? Es ist ja keine Pilgerreise. Trotzdem bin ich traurig.

Die Kirche ist wunderschön, ohne jeden Prunk. Der einzige Schmuck sind zwei Messingleuchter, die von den Querstangen des Gewölbes herabhängen. Lange weiße Kerzen. Der Raum hat ein angenehm mildes Licht: olivgrün, grau und weiß sind die Farben. Und eben diese Farben sind noch einmal da – in den Stämmen und Zweigen der Birken, die ganz dicht hinter dem großen Fenster stehen.

Einem Fenster aus einfachem Glas, das sich – in Kopfhöhe – wie ein Fries über die ganze Wand hinzieht. So gehören Innen und Außen zusammen. Ein Wort Hugo von Hofmannsthals fällt mir ein: „Wenn das Haus durchsichtig wird, gehören die Sterne mit zum Fest."

Ich gehe in den Altarraum – auch ich laufe herum. Auf dem Altar steht ein weißes Holzkreuz mit einem weißen Christus. Darunter eine Inschrift: „Det er fulbragt." „Es ist vollbracht." Jesu letztes Wort am Kreuz nach dem Johannesevangelium.

Ganz tief fällt dieser Satz in mich hinein und tröstet mich: Was immer mir nun gerade fehlt, wie sehr ich unter manchen Dingen leide – es ist vollbracht! Gott *hat* seine Welt und seine Menschen erlöst. Alles Wesentliche ist geschehen. Ein Gefühl des Glücks steigt in mir auf. Wir wollen gerade gehen, da kommt unser Bar-Pianist in die Kirche. Als er mich sieht, sagt er: „Ich gehe auf jeder Reise immer in eine Kirche. Wenn möglich, gehe ich. Immer. Ich brauche das."

Er steigt die Treppe zur Orgel hinauf. Das Mädchen nickt ihm zu. Er darf spielen. Und Ali spielt, als wäre es seine Orgel und seine Kirche. Er spielt: „Großer Gott, wir loben dich, Herr, wir preisen deine Stärke. Vor dir neigt die Erde sich und bewundert deine Werke ..."

Immer wieder spielt er, bis die Registrierung stimmt. Wir haben uns hingesetzt. Verstreut sitzen wir in den Bänken, irgendwo. Keiner spricht mehr. Eine Frau wischt sich mit dem Handrücken eine Träne weg. Die Frau des Zauberkünstlers macht das Kreuzeszeichen. Sie betet.

Als Ali wieder herunterkommt, ist er ganz still. Ergriffen sagt er: „Daß *ich* in einer Kirche spielen darf ... das ist das Höchste ... das ist so schön!" Als Dank legt er einen Geldschein in den Kollektenkasten und gibt dem Mädchen einen Kuß auf die Stirn. Und wieder denke ich: „Dieser ging hinab gerechtfertigt!"

Was ich mir wünschte – einen Psalm zu lesen und zur Ruhe zu kommen –, aber nicht schaffte, das gelang ihm mit seinem Orgelspiel. Die Gruppe ist wie verwandelt. Schweigend gehen wir zum Strand hinunter, sammeln ein paar Muscheln und Schnecken, Seeigel-Panzer, Steine. Es ist ganz windstill. Der aufgespülte Korallenkies leuchtet weiß in der Nachmittagssonne.

Und als wir abends an der Reling stehen – oder ist es schon

Nacht? Man verliert bei so viel Licht die Zeitorientierung –, da sehen wir am Himmel ganz blaß den ersten Stern. Wieder denke ich: Wie sehr gehört all dies – das Meer, der Himmel, Sonne und Sterne – zu unserer Reise. Und wieviel mehr noch sind Gottes Reden, seine freundliche Zuwendung das eigentliche Fest.

Wenn ich dich anrufe …

22. Juli. Ein Seetag

Wir nehmen Kurs auf Hellesylt und den Geirangerfjord. Morgen früh um acht werden wir da sein. Es ist immer noch windstill, Seestärke 1. Unser Schiff bohrt sich unbeirrbar und gleichmäßig wie eine Fräse durch das Wasser, das träge unter uns liegt. Von der Küste ist nichts zu sehen – so weit haben wir uns vom Land entfernt. Trotzdem kommen Möwen. In großen Bögen folgen sie uns. Einige lassen sich auf der Reling nieder. Ganz gelassen sitzen sie da. Der gebogene, leuchtend gelbe Schnabel gibt ihnen etwas Überhebliches. Ihr Gefieder ist glatt, nichts von Überlebenskampf. Fische sind im Überfluß da.

Sie kommen, weil sie das Schiff entdeckt haben, und nehmen das in die Luft geworfene Brot aus Höflichkeit und Gewohnheit. Hunger haben sie nicht.

Gegen vier Uhr gibt es Tee und Kaffee in den Restaurants. Mir ist nach viel heißem Kaffee zumute. Unserem italienischen Sänger offenbar auch. Er sitzt an einem kleinen Tisch in der Nähe des Kuchenbuffets. Als er mich sieht, winkt er und zieht den Stuhl neben sich ein wenig heraus.

„Was ich noch sagen wollte …“ Er umfaßt seine Kaffeetasse mit beiden Händen. „Ich hätte nie gedacht, daß mich ein Text so beschäftigen könnte. Ich meine den Psalm … Welcher war es noch? Richtig, der 138., den ich heute morgen gelesen habe – für die Silberhochzeitsleute. Ich habe mich die ganze Nacht damit beschäftigt. Das hat mich schon fasziniert ... Ja, da müssen wohl erst ein paar Leute Silberhochzeit feiern, damit man mal wieder 'ne Bibel in die Hand kriegt. Wissen Sie, das Merkwürdige ist ja, daß man bei diesen alten Texten immer das Gefühl hat: Das ist zu *dir* gesagt, nicht? ‚Wenn ich dich anrufe, so erhörst du mich und gibst meiner Seele große Kraft!' Das ist doch großartig! Oder: ‚Wenn ich mitten in der Angst wandle, so erquickst du mich ...'"

Mir fiel wieder ein, wie stark er heute morgen das „Ich" betont hatte. Er hatte auch mit einem Bleistift manches dick unterstrichen. Weil es die Schiffsbibel war, mußte ich es wieder ausradieren. Ich hoffe, daß es in seiner Seele bleibt. Ihm, der aus Freundlichkeit anbietet, in diesem Gedenkgottesdienst zu lesen, kommt Gottes Freundlichkeit so entgegen.

23. Juli

Um acht Uhr morgens soll die Ausbootung in Hellesylt beginnen. Deswegen treffen wir uns eine Viertelstunde vorher in der Kapelle. Wir wollen für den Abendgottesdienst beten. Herr und Frau Kemper sind schon da. Unsere Organistin und ihr Mann kommen etwas später. Herr Kemper hat gerade begonnen, ein Morgengebet zu lesen, da werden wir durch den Lautsprecher unterbrochen: Alle Passagiere mit der roten Landgangkarte sollen zur Gangway kommen. Das ist ihre Farbe. Sie zögern. Dann heißt es: „Diese Durchsage gilt nur für die Teilnehmer an der Wanderung. Die Gäste für die Bustour bitte zehn Minuten später!"

Herr Kemper sagt: „Danke, Herr!", und wir beten weiter. Das hat mich tief berührt. Für Kempers ist es das erste Mal, daß sie die norwegische Berg- und Gletscherwelt sehen, aber das Gebet ist ihnen im Moment wichtiger, die Freude im Gegenwärtigsein vor Gott. Dann stehen beide auf. Wir geben uns die Hand. „Friede sei mit dir!" Sie nehmen ihre Taschen und gehen in aller Ruhe zum

Ausgang. „Trachtet zuerst nach dem Reich Gottes", sagt Jesus, „dann wird euch alles andere zufallen."

Ich bleibe heute auf dem Schiff, weil ich diesen Ausflug schon einmal gemacht habe. Außerdem muß ich den Abendgottesdienst um 18.00 Uhr vorbereiten. Gegen halb sechs gehe ich in die Lounge. Ich lege die fotokopierten Liedzettel auf die Sessel. Die Bühne, vor der unser Altartisch aufgebaut wird, ist noch besetzt. Ein portugiesischer Musiker probt seinen Part. Jetzt ändert er noch etwas an den Noten. Er raucht, trinkt von seinem Kaffee. Neben ihm steht eine Pizza, halbgegessen. Ich sage vorsichtig: „Gleich, um sechs Uhr, haben wir hier Gottesdienst!"

„Null problemo!"

Er spielt weiter, ganz ohne Hast. Irgendwann hört er dann doch auf. Ein fliegender Wechsel. Ich komme mir vor wie ein Schausteller. Schnell wird umgeräumt. Die Organistin hilft mir, Blumen und Kerzen hinzustellen. Herr Menz holt Gesangbücher und Kruzifix aus der Kapelle.

18.00 Uhr. Das letzte Tenderboot kommt gerade erst vom Land zurück. Die Busse haben eine Stunde Verspätung. Das kommt vor, wenn die Wege schlecht und die Foto-Stops zu lang sind.

Einige Passagiere sind noch in ihrer Ausflugskleidung, sie wollen den Gottesdienst nicht verpassen. Atemlos und erschöpft kommen sie herein. Ich schlage vor, daß wir eine halbe Stunde später anfangen, damit sie sich duschen und umziehen können. Außerdem findet gerade jetzt das Wendemanöver im Fjord statt. Ich ermuntere auch diejenigen, die schon dasitzen, noch einmal aufs Deck zu gehen.

„Aber kommen Sie wieder! Ich vertraue Ihnen!"

Pünktlich wie eine Schulklasse kommen sie zurück. Wir haben einen schönen Gottesdienst.

Eiswürfelzange und Briefe

24. Juli

Wir liegen an der Pier in Bergen. Eine Stadt, die berühmt ist wegen ihres Regens – an dreihundert Tagen im Jahr regnet es. Aber heute scheint die Sonne. Über Mittag will ich in die Stadt gehen und für die Kinder ein paar Geschenke auf dem Fischmarkt kaufen. Vielleicht auch telefonieren.

Ich kaufe einen antiken Stempel für Susanne, Miniaturwerkzeug für Micha und Ohrringe für Isabelle. Sie hatte mir für jeden Tag der Reise eine kleine Überraschung mitgegeben: einen Brief oder ein Foto, ein Stück Schokolade und ein längliches Päckchen mit der Aufschrift „Für einen Eisschollen-Tag!“

Als ich es auf Spitzbergen öffnete, lag eine Eiswürfelzange drin. Ich habe sie natürlich an Ort und Stelle eingeweiht, kleine Eisstücke aus dem Wasser gefischt und an den Strand gelegt.

Nach dieser Premiere kann die Zange nun Hamburger Tiefkühl-Eiswürfel in jedes beliebige Glas fallen lassen. Es mag kostbarere Eiswürfelzangen geben, aber kaum eine war auf Spitzbergen!

Bei wirklichen Eisschollen hätte sie wohl nicht viel genützt, aber wie lieb, mir für den „Notfall“ etwas mitzugeben. Für die letzten Tage war Isabelle nichts Neues mehr eingefallen. Deshalb hatte sie eine kleine Tafel Schokolade in einen Umschlag gesteckt und dazugeschrieben: „Guten Morgen, Mammie! Hast Du gut geschlafen, oder bist Du seekrank? Ich hatte nichts Besonderes mehr. Deshalb kriegst Du dies hier – es ist ohne großen Wert! Ich freu mich schon auf Dich und auf unsere Ferien. Komm bald! Isi!“

Ach, Isi, wie kann es denn „ohne Wert“ sein, wenn du mir einen so süßen Brief schreibst? Und die Schokolade? Wenn du wüßtest! Gerade heute morgen habe ich beim Frühstück gesagt, daß ich so gern mal wieder Schokolade hätte. Aber weil das ein zu kindlicher Wunsch ist, wird er auf Luxusschiffen nicht geäußert und nicht erfüllt. Ich danke dir, mein Schatz! –

Nach dem Lunch gibt es Kaffee an der Bar. Manchmal trinke ich ihn dort. Ina, unsere schwedische Krankenschwester, sitzt auch da. Wir haben uns kaum gesehen auf der Reise.

„Hatten Sie viel Arbeit? Gab es viele Kranke?“ frage ich sie.

„Ach nein, eigentlich nicht. Keine Schwerkranken, das hätte ich Ihnen gesagt. Ein paar Erkältungen. Zwei Armbrüche. Die meisten sind nicht krank, sie sind einsam. Sie kommen und sagen: Der Magen tut weh oder der Kopf! In Wirklichkeit ist es das Herz. Sie fühlen sich so allein und sind enttäuscht. Zuerst hoffen sie – die alten Damen meine ich, die Witwen und die Singles –, daß sie einen Menschen finden, einen Lebenspartner vielleicht. Aber dann merken sie nach der Hälfte oder im letzten Drittel der Reise, daß es damit nichts wird. Sie sehen die vielen Ehepaare und fühlen sich noch einsamer. Sicher, manchmal gibt es Bekanntschaften. Aber ich glaube: weit mehr Enttäuschungen.“

Als Ina von Enttäuschungen spricht, denke ich wieder an die Geschichte mit Frau Meinerts, die uns 24 Stunden lang in Atem hielt. Derrick hätte den Fall vielleicht schneller gelöst. Frau Meinerts gehörte zu den Reichen und machte keinen Hehl daraus. Ich hatte sie gelegentlich bei Konzerten gesehen, wenn Juan, unser spanischer Pianist spielte. Sie mochte klassische Musik. Gestern morgen ließ uns Frau Meinerts wissen, daß ihr seit dem Vorabend – seit sie mit „diesem Pianisten“ am Tisch gesessen hätte – ein Goldarmband fehle. Vermutlich habe sie daran herumgespielt, und dann habe es wohl den Besitzer gewechselt. Die Sache sei ganz eindeutig, die Frage nur, was die Schiffsleitung jetzt tun werde ...

Ich schlug vor, noch einmal in der Kabine zu suchen; vielleicht sei es nur verlegt. Oder beim Fundbüro zu fragen.

„Nein, nein, nicht nötig. Ich weiß, wo mein Armband ist ... Er hat die Chance genutzt, ist doch klar ...“

Juan war ganz verändert; er wirkte vernichtet.

„Was ist denn da gestern passiert?“ fragte ich ihn.

„Nichts, gar nichts! Alles erfunden und erlogen! Unverschämt ist es. Sie hatte mich zu einem Glas Wein eingeladen. Kann man ja nicht ablehnen. Wir saßen an einem der kleinen Tische da drüben am Fenster. Na ja, nach dem dritten Glas – es war ja auch schon spät – bin ich dann aufgestanden und habe ihr eine gute Nacht gewünscht. Sie war enttäuscht. Du liebe Zeit, was hatte sie sich denn erhofft? Ich bin in meine Kabine gegangen. Das war alles. Und nun redet das halbe Schiff von diesem verdammten Armband ... Meinen Ruf hat sie ruiniert, und das will sie ja auch ..."

Kreuzfahrtdirektor und Kapitän ermittelten. Juan wurde befragt, Augenzeugen gesucht, Frau Meinerts unter die Lupe genommen. Es war nichts zu beweisen, aber der Verdacht hing in der Luft. Keiner traute es Juan zu, doch er war tief verletzt. Er zog sich in seine Kabine zurück und meldete sich krank, Depressionen. Ich begriff nicht, warum er nicht kämpfte. Sein Verhalten lenkte doch den Verdacht auf ihn!

Am Spätnachmittag teilte Frau Meinerts mit, sie habe das Armband gefunden. Wo? Im C-Deck, zwischen den Kabinen der Künstler. Jemand habe es dort wohl ganz unauffällig fallenlassen. Nun ja, jedenfalls sei es wieder da. Ein bedauerlicher Vorfall; so etwas könne man keinem Schiff wünschen! Sie lächelte, als ich sie traf. Aber es war kein schönes Lächeln. Und die Traurigkeit, die auf Juan gefallen war, lastete noch immer auf ihm. Am Abend spielte er wieder. Der Vertrag mußte eingehalten werden. Sein Spiel war korrekt, aber tot. Ohne jeden Glanz.

Ina und ich trinken noch einen Kaffee. „Noch drei Monate", sagt sie, „dann muß ich wieder an Land. Zurück ins normale Leben. Ich werde wieder in Stockholm arbeiten. Vielleicht gehe ich auch noch einmal an die kambodschanische Grenze zurück, dort wird man wirklich gebraucht. Aber länger als sechs Monate hält man es nicht aus. Wir waren in einer Baracke notdürftig untergebracht, es zog überall, die Versorgung klappte nicht. Aber das Schwere war, ständig junge Menschen vor Augen zu haben, die durch Minenexplosionen ein Bein – oder beide Beine – verloren haben oder das Augenlicht. Schwerverletzte Kinder ... Vielleicht werde ich doch wieder hingehen. Die Zusammenarbeit im Team war hervorragend, und Stan ist ein guter Arzt."

„Stan? ... Hat er früher in Papua Neuguinea gearbeitet, im Goroka-Base-Hospital?"

„Ja, davon hat er mir erzählt!"

Wie klein die Welt ist. Auch ich kenne Stan. Wir haben fünf Jahre in Goroka gelebt. Er ist wirklich ein guter Arzt.

Der letzte Tag auf dem Schiff

25. Juli

Heute sind alle früh aufgestanden. Die Pflichtbewußten und die mit den schwächeren Nerven packen bereits. Andere wollen den Tag noch ganz genießen, sich noch einmal verwöhnen und bedienen lassen, die Bräune vervollkommnen ...

Auch ich kann erst nach dem letzten Gottesdienst an meine Koffer gehen. Für den Talar und die Bücher brauche ich den meisten Platz. Der Rest ist schnell gepackt. Die Steine werden ein Problem sein. Und der Rosenstrauß des Conferenciers.

Als wir noch einmal an der Reling stehen und auf das Meer hinaussehen, sagt eine Frau: „Mit dem Wetter hatten wir Glück! Das kommt bestimmt, weil Sie dafür gebetet haben!"

Ich muß gestehen, daß sich meine Gebete nicht in erster Linie auf das Wetter bezogen. Eher darauf, daß die Menschen hier auf dem Schiff Gottes Wort hören, daß Gott selbst ihnen begegnen möchte. Und dafür sind Regen oder Nebel am günstigsten. Am ungünstigsten sind Sonne und die Ausfahrt aus einem Fjord. Ich habe gestern abend jeden bewundert, der trotzdem zum Gottesdienst kam. Aber wer weiß, wo und wie Gott mit Menschen redet.

Beim Abschiedsgottesdienst, morgens um zehn, ist die Lounge

fast voll. Einige der Passagiere und zwei aus der Künstler-Crew lesen Texte und Gebete. Wir alle sind dankbar für diese Reise, für Gottes Bewahrung, für die Herrlichkeit der Schöpfung, die wir gesehen haben. Für Menschen, die Freunde wurden.

Zum Abschied lese ich das Wort von der offenen Tür aus Offenbarung 3. Die Tür zu Gott bleibt offen, auch wenn wir nun von der Weite des Meeres und so großer Landschaft wieder in die begrenztere Welt unseres Alltags gehen. Jesus sagt: „Siehe, ich habe vor dir eine Tür geöffnet, die niemand mehr zuschließen kann." Eine Verheißung für jeden Tag.

26. Juli

Die Rechnungen und Trinkgelder sind bezahlt. Der zweite Koffer ließ sich trotz der Steine schließen. Das Gepäck ist schwer, aber ich habe Glück: Mein Mann holt mich in Bremerhaven ab. Isabelle ist auch mitgekommen.

„Hallo, Mammie! Guck mal, wir haben eine Marienkäferplage! Das ganze Auto ist voll. Die Straßen auch. Meinst du, das bedeutet Glück?"

„Bestimmt! Zum Beispiel das Glück, daß wir wieder alle zusammen sind."

„Wenn du das so schön findest, warum fährst du dann überhaupt weg?"

„Weil es so schön ist, wieder nach Hause zu kommen! Ich freue mich schon, heute mittag wieder selbst zu kochen. Pellkartoffeln und Quark!"

„Das hatten wir gestern gerade!"

„Na, dann Spaghetti mit Soße und viel Käse!"

„Ja, gut!"

Also doch Glück!

Als wir durch den Elbtunnel fahren und die wichtigsten Neuigkeiten ausgetauscht haben, sagt mein Mann: „Ach übrigens ... ich traf neulich Frau Hansen, als wir im Supermarkt fürs Wochenende einkauften. Da habe ich sie einfach gefragt, ob wir nicht mal versuchen könnten, etwas freundlicher miteinander zu sein. Das würde doch vieles erleichtern …" Sie war ganz aufgeschlossen und erzählte mir, daß sie einen Brief von dir bekommen habe und daß ihr euch demnächst mal in einem Café treffen wollt. Sie schien sich zu freuen."

Ich war sprachlos. Manchmal hilft es, weit wegzufahren, um sich näher zu kommen. Und Wunder sind wohl auch nach vielen Jahren Streit noch möglich. Diese Reise mit dem Luxusliner war kein Luxus, sie war notwendig. Eine Reise voller Wunder.

Ein unaussprechlicher Zauber

Es gibt ein Wort, das mich seit längerer Zeit fasziniert. Es heißt: „Laß die Art, wie du lebst, ein ständiges *Hinausgehen* sein – im Vertrauen auf Gott –, und es wird *ein unaussprechlicher Zauber* über deinem Leben liegen“ (Oswald Chambers).

Eine Zumutung und ein Versprechen. Gott selbst lockt mich hinaus ins Offene. Er sagt: Habe Mut! Fürchte dich nicht! Komm! Geh! Denn er möchte, daß ich etwas werde, was ich noch nie gewesen bin. Das kann geschehen, wenn ich *hinausgehe.*

Hinausgehen? Wovon und wohin?

Das weiß ich nicht im voraus, ich kann nur versuchen, aufmerksam zu hören, was sein Wort mir sagt, und zu gehorchen, auch wenn alles ungewiß und offen ist.

Von Abraham heißt es im Hebräerbrief: „*Er ging hinaus* und wußte nicht, wo er hinkäme.“ Aber er wußte: In allem, was kommt, will Gott mir begegnen, denn er hat mich gerufen! „Gehe ... in ein Land, das ich dir zeigen werde“ (1. Mose 12,1). Mein Leben ist nicht Rückblick oder Stillstand, sondern es ist offen, nach vorn ausgerichtet, um immer wieder alles von Gott zu erwarten. „Ich will Ausschau halten nach meinem Gott!“ (Micha 7,7).

Es kann der Aufbruch in ein fremdes Land sein, wo ich arbeiten soll. Oder eine neue Aufgabe. Neue Menschen. Eine veränderte Situation. In alldem wird Gott anders als bisher auf mich zukommen.

Ich darf vergessen, was hinter mir liegt, und mich nach vorn ausstrecken, nach dem, wozu der Himmel mich beruft. Denn alles, was kommt, soll mir zum Besten dienen. Alles.

Den Frauen, die Jesus in Grab und Vergangenheit suchen, sagt der Engel: Er ist nicht hier bei den Toten! Er ist auferstanden. Er wird vor euch hergehen, und ihr werdet ihn sehen! (Markus 16).

Weil Jesus vor uns hergeht, können wir uns rufen lassen und hinausgehen ins Unbekannte. Manchmal kommt solch ein Ruf von Menschen, mit denen ich lebe – oder auch von solchen, die weit entfernt sind. So wurde ich in diesem Jahr nach Südafrika eingeladen. Mein Thema war, wie wir heute leben können trotz der Belastungen von gestern und der Angst vor morgen. Wie Gelassenheit und Freude möglich sind. Es ging um Referate, biblische Texte, Gottesdienste und Freizeiten. Drei Wochen reiste ich von Ort zu Ort. Alles war neu für mich: das Land, die Menschen, die Situation.

Die Reise begann mit einem Gottesdienst, in dem ich die Predigt hielt. Das Abendmahl teilten der Ortspastor und ich gemeinsam aus, anschließend reichten wir uns gegenseitig Brot und Wein. Der Segen wurde gesprochen.

Als ich aus der Kirche hinausging, wußte ich: So wie Brot und Wein „in mir" sind, so ist Jesus Christus bei mir. Und er wird mit mir gehen. Meine Freude wurde ganz übermütig: Was konnte mir passieren? Alle „Pfeile des Bösen" mußten an mir abprallen. Ein tiefes Glück stieg in mir auf. Und es blieb. Immer wieder erinnerte ich mich daran – oder erinnerte Christus selbst mich?: Ich bin bei dir, und ich bleibe bei dir.

An Elia dachte ich, von dem es heißt: „Er ging in der Kraft dieser Speise vierzig Tage und vierzig Nächte, bis er an den Horeb, den Gottesberg, kam" (1. Könige 19,8).

„Ein unaussprechlicher Zauber"?

Ein Glanz vom Himmel, eine Freude, die reines Geschenk war, lag über aller Mühe und Arbeit. Wenn Gott mitgeht, kann ich gehen.

Gegen Ende der Reise kam ich nach Durban an den Indischen Ozean. Es gab ein letztes Wochenende im katholischen Tagungszentrum von Mariannhill. Das Gebäude war ein großes Viereck mit einem schönen Innenhof. Lange Flure. Mein Zimmer lag am Ende eines langen Traktes. Dort am Ende unter einem Fenster stand ein kleiner Tisch. Auf dem Tisch ein Kruzifix, weder groß noch schön. Aber jedes Mal, wenn ich die Treppe heraufkam und den langen Weg zu meinem Zimmer ging – auf das Kreuz zu –, dachte ich: Immer gehe ich auf ihn zu. Auf Jesus Christus! Immer und überall. Jeden Tag meines Lebens. Und einmal werde ich ankommen. Dann gibt es kein Stehenbleiben und Abirren mehr, dann bin ich da und werde zu Hause sein. Wie wunderbar! Und wie gut, daß ich ohne Angst gehen kann. Jesus wird mein Richter sein. Und „er ist unser Friede", wie der Epheserbrief sagt. Alles Unsinnige und Eitle, alles Böse meines Lebens wird er dann endgültig vernichten, mich selbst aber in seinen Frieden hineinnehmen.

Schwierigkeiten mit dem Schweigen

Als mich der Hamburger Alltag wieder eingeholt hatte – war da der „Zauber" vorbei?

Ich glaube, das *Hinausgehen* hängt nicht davon ab, *wo* ich lebe, sondern *wie* ich lebe. Ob ich hören kann, wenn Gott mich einlädt, alte Erfahrungen zu verlassen und ganz neu auf sein Wort zu hören, aus mir selbst *hinauszugehen* im Vertrauen auf ihn. Ist bei *mir* Armut und Leere, so ist *er* „reich für alle, die ihn anrufen". Was erhoffe und erwarte ich von Gott? Sind meine Bitten nicht oft zu klein?

Nach den Wochen des Reisens, des Redens und Diskutierens hatte ich den Wunsch: Ich möchte jetzt eine lange Zeit nur schweigen und hören. Neu hören, was Gott sagt. So freute ich mich auf ein „Stilles Wochenende" bei einer evangelischen Schwesternschaft nicht weit von Hamburg. Ich ahnte nicht, wie schwierig es ist, plötzlich zu schweigen.

Freitagabend: Schwester Claudia zeigte mir mein kleines Zimmer. Weiße Wände, heller Teppichboden, an der rechten Wand ein Kreuz, darunter eine Kerze. Tisch, Stuhl und Schrank. Ein Bett gab es also nicht, man schlief auf dem Boden. Warum nicht? Dort an der Wand unter dem Kreuz zu schlafen, war etwas Neues für mich. Ob es besondere Träume gab oder nur Schlaflosigkeit auf hartem Boden?

In diesem Augenblick griff Schwester Claudia nach einem Knopf oben am Schrank und klappte mein Bett herunter. Schade!

Ich stellte nur schnell meine Tasche ab, dann gingen wir in den Raum, wo gegessen wurde. Ich kam etwas zu spät. Der Tisch war eng besetzt. Mein Platz – gleich gegenüber der Tür – war noch frei. Links neben dem Teller eine Serviettentasche: Stramin und Kreuzstich, Namensschild. Alles sorgfältig geplant und vorbereitet. Es gab Brote und roten Tee. Wir unterhielten uns, noch durften wir sprechen. Nach dem Abendgebet begann das Schweigen.

Da ich müde war, ging ich ins Bett und schlief sofort ein. Gegen halb vier wachte ich auf, der Sturm hatte mich geweckt, und ich spürte: Das Beten in mir geht weiter. Christus selbst betet in mir. Und in diesem Haus wird auch nachts gebetet. Das Beten durchdringt Mauern und Menschen. Der Satz aus der Ordnung der Schwesternschaft: „Jesu Friede ist auf Erden" erfüllte sich. Wie wunderbar, gerade in solch einer Sturmnacht!

Frühmorgens eine Abendmahlsfeier, danach Stille bis zum Mittagsgebet. Diese Zeit gehörte mir. Kein Telefon, keine Türklingel, keine Post, keine Unterbrechung, kein Mensch, der störte ... das wiederum störte mich. Brauchte mich denn niemand? Wieso klopfte es nicht wenigstens an der Tür?

Wenn niemand zu mir kam, konnte ich ja aus meinem Zimmer gehen, zum Beispiel in die Bibliothek!

Auf einer alten Kommode war eine Reihe von Meditationsbüchern zusammengestellt. Ich fand Texte von Johannes Bours, nach seinem Tod herausgegeben. Meditationen zu alten Bildern. Wie schön! Ich nahm das Buch und ging zurück in mein Zimmer. Mit einem Buch ist man nicht ganz allein.

Ein Wort aus Jesaja 43 hielt mich fest:

„Die Ströme, sie überfluten dich nicht", und: „Wenn du durch Wasser gehst – ich bin mit dir."

Gottes Mitgehen – auch auf meinen alltäglichen Wegen! Die Zeit verging, ich weiß nicht wie. Gleich war es Mittag. Aber in diesem Schweigen gab es auch andere Worte und Sätze, die von allen Seiten auf mich einstürmten. Vorwürfe, Anklagen. An die Kinder dachte ich: Wieviel war ich ihnen immer wieder schuldig geblieben! Wieviel verletzende Worte auf beiden Seiten. Ihre Kritik traf mich tiefer, als sie ahnten. War alle Mühe umsonst? Hatte ich alles falsch gemacht?

Wie sehr tröstete es mich zu lesen: „Alles, was ihr in Liebe getan habt, bleibt."

Ich legte das Buch aus der Hand. Es war Zeit, in die Kapelle zu gehen.

Eine der Schwestern las einen Text aus dem Neuen Testament. Warum las sie das Evangelium so monoton, anscheinend unbeteiligt? Um alles Persönliche auszuschalten? Aber Gott spricht doch mit jedem Menschen ganz persönlich. Warum Gebete auf einer Tonhöhe – todernst? Ach, ich tauge wohl nicht für eine solche Liturgie! Ich fühlte mich beklommen und eingeengt und wäre am liebsten aus dem Haus gelaufen – über die Felder hinein in diesen Sturm, um laut zu singen.

Kein Wunder, daß ich mit solch strenger Ordnung Mühe habe, ich kann ja nicht einmal auf liniertem Papier schreiben. Zum Schreiben brauche ich ein weißes Blatt, das offen vor mir liegt, wie das unberührte Schneefeld vor einem Skifahrer. Warum war ich überhaupt hierher gefahren?

Die Zeit des Schweigens in meiner „Zelle" war wohltuend – nach anfänglicher Irritation. Aber das Schweigen bei den gemeinsamen Mahlzeiten empfand ich als künstlich, eher bedrückend.

Ich weiß: Diese alte mönchische Ordnung hat den Sinn, das Reden Gottes und das Reden mit Gott nicht durch belangloses Geschwätz zu unterbrechen. Doch das stumme Weiterreichen der

Speisen fiel mir schwer. Überhaupt fiel es mir schwer, nicht zu reden, wenn ich einem Menschen begegnete. Ich merkte erst jetzt, wie gern ich anderen mitteilte, was mir gerade einfiel. Es war wirklich ein Verzicht, das nicht zu tun. Ein Fasten besonderer Art. Zum Mittagessen gab es Nudelsuppe, bei der ich auch sonst geschwiegen hätte. Aber dann kam dieser wundervoll duftende heiße Grießauflauf mit Apfelmus. Dafür mußte man doch das Schweigen brechen und wenigstens einmal sagen dürfen: „Wie herrlich ist das!" Dieser Grieß: warm, süß und locker! Ein gutes Gegengewicht zur Schwere des Schweigens. Ich versuchte, meine Freude über die Augen mitzuteilen, aber ich traf auf gesenkte Blicke.

Als Entlastung kamen mir ganz abwegige Gedanken: Wie würden meine achtzehn Mit-Schweigerinnen wohl reagieren, wenn ich einfach immer weiteräße, bis alle Grießflammeri-Schüsseln leer wären? Wie lange würden sie warten und schweigen?

Bevor es zu diesem interessanten Experiment kommen konnte, erhob sich die leitende Schwester, schob ihren Stuhl unter den Tisch und faltete die Hände. Ein untrügliches Zeichen, daß es aus war mit dem Grieß-Vergnügen! Das Dankgebet kam und die Bitte an Christus: „Bleibe du in uns, und laß uns in dir bleiben!"

Damit wurden wir in den Nachmittag entlassen. Zu diesem Teil des Tages gehörten: Ruhe, eine Tasse Kaffee, eine gemeinsame Textmeditation und später das Abendgebet.

Als ich gegen sieben Uhr wieder in den Bus stieg, hatte ich das Gefühl, lange unterwegs gewesen und weit gereist zu sein. Die Stille war wie eine Oase, aber manchmal auch wie eine Mondlandschaft: zu still, zu tot, zu fremd. Oder nur ungewohnt? Vielleicht hätte ich drei Tage bleiben sollen und nicht nur vierundzwanzig Stunden. Als ich am Bahnhof durch das Gewühl zur S-Bahn ging, sehnte ich mich schon wieder nach meiner „Zelle", aber das Schweigen war noch in mir, das Beten auch, es immunisierte mich gegen Lärm und Hektik. Wie wohltuend war diese Unterbrechung!

Das fängt ja gut an!

Gleich in den ersten Tagen des neuen Jahres beginnt wieder das Reisen, ich bin zu einem Vortrag eingeladen. Ein Gemeindenachmittag im Lippischen Land. Man trifft sich im Dorfgasthaus „Unter den Linden“. Das Thema heißt: „Glück! Ist Glück machbar?“

Die Fahrt mit dem Zug ist eher trübe und umständlich. Auf den Bahnsteigen zieht es, wie immer. Meine Tasche ist schwer – oder nur mein Herz? Schon wieder neue Menschen, neue Orte, neue Themen und Fragen. Woher soll ich die Kraft nehmen? Es war zuviel Arbeit im letzten Jahr. Ich kann nicht immer geben und ermutigen ... Die Erwartungen sind so groß. Wie soll ich sie erfüllen?

Als ich in dem großen Saal des Gasthofes bin – vier lange besetzte Tische, es ist warm, der Kaffee steht vor uns, der Kuchen auch, die Begrüßung beschämend freundlich – und als wir das erste Lied singen, ist mit einem Schlag alles anders.

Wir singen: „Daß du mich einstimmen läßt in deinen Jubel, o Herr, deiner Engel und himmlischen Heere, das erhebt meine Seele zu dir ...“

Das heißt doch: Nicht ich muß geben, was ich gar nicht habe, sondern Gott läßt zu, daß ich ihn zusammen mit seinen Engeln – im Himmel und auf Erden – lobe! Nicht meine Anstrengung, meine Arbeit stehen an erster Stelle, sondern vor aller Mühsal ist da ein Lied. Ich darf Gott ein Lied singen. So läßt er mich teilhaben am Kommen seines Reiches. Ich bin einbezogen!

Wie freundlich ist Gott, daß er mich in meinen trüben Gedanken unterbricht! Singen statt Seufzen! Das neue Jahr fängt gut an! Hoffentlich höre ich es auch an anderen Tagen, wenn Gott meiner Müdigkeit und Verzagtheit widerspricht und ein Lied an die erste Stelle setzt.

Das wäre ein Segen

Eine Woche lang Vorträge im Erzgebirge. Gegen Ende noch ein zusätzlicher Abendtermin in einem Dorf, nicht weit von der tschechischen Grenze. Ohne einen kundigen Begleiter hätte ich den Weg nie gefunden. Die Ortsschilder wurden immer seltener, und die anderen Schilder – provisorisch aufgestellt – sagten in regelmäßigen Abständen nichts anderes als: „Umleitung“ oder „Imbiß, 100 m rechts!“

Langsam hörten auch die Straßenlaternen auf, nur die Schlaglöcher blieben und gaben uns das gute Gefühl, noch auf der Straße zu sein. Nach einer weiteren Kurve sagte Herr Gleiwitz: „Hier!“

Wir hielten an. Ich dachte unwillkürlich: „Wirtshaus im Spessart!“ Immerhin brannte im Flur ein schwaches Licht, und die Tür ließ sich öffnen. Eine Gruppe von Blaukreuzlern sollte sich hier treffen. Das Thema dieses Abends: „Kommunikation – warum ist sie oft so schwierig?“

Etwas beklommen dachte ich: „Und wenn nun niemand kommt?“ Aber Herr Gleiwitz, der Leiter dieser Gruppe, blieb zuversichtlich: „Die Tür ist offen, das Licht brennt, der Ofen ist geheizt. Sie werden kommen!“

Er hatte recht. Etwa vierzig Menschen kamen. Frauen, Männer, junge Ehepaare, auch ältere, Jugendliche und Greise. Was sie verband, war ihr Problem: der Alkohol, aber auch die Hoffnung, daß im Vertrauen auf Gott etwas Neues anfangen konnte, daß es nie zu spät war.

Nach einer freundlichen Begrüßung – ein Gebet. Die Bitte, Jesus Christus möge mit seinem Geist unter uns sein, er möge Hören und Verstehen schenken.

Ich ging ans Pult, aber mein Manuskript habe ich an diesem Abend kaum geöffnet. Ich wollte erzählen, mit diesen Menschen sprechen, ihre Gesichter sehen. Und ich habe kaum irgendwo eine so konzentrierte Aufmerksamkeit erlebt wie hier in diesem verfallenen Haus mit dem großen Kachelofen, der uns langsam ganz und gar durchwärmte.

Beim Abschied sagte eine Frau: „Ich bin so gesegnet worden!"

Viele wünschten mir: „Gottes Segen!"

Was sind große Veranstaltungen, Applaus und Ehre verglichen mit Segen!

Ob dieser Segen sichtbar sein würde – oder eher verborgen für meine Augen?

Ein paar Tage später bin ich in Gießen und soll dann weiter zu einem Frauentreffen nach Bayreuth. Mein Vortragsthema: „Gelassenheit – wie macht man das?" konnte ich zunächst einmal an mir selbst testen, denn der Intercity hatte bereits in Frankfurt eine halbe Stunde Verspätung.

Der Anschluß in Nürnberg konnte also gar nicht klappen und die folgenden Verbindungen damit auch nicht.

Ein Telefon hatte dieser Zug leider nicht, aber dafür wunderbar gerahmte Sprüche an den Abteilwänden. In poliertem Holzrahmen war zu lesen: „Intercity – der zuverlässige Partner für Ihre Terminplanung!" Darunter ein selig träumender Mann, der – ganz entspannt – seinen Konferenzen entgegenfuhr. Oder hing er apathisch in den Polstern, weil auch er den zweiten Anschluß bereits verpaßt hatte?

Als ich dann irgendwann doch bei Familie Goldach am Tisch saß („Hatten Sie eine gute Reise?" – „Ja, danke!"), las mir die Gastgeberin aus einem Buch mit irischen Texten zur Begrüßung:

„Ein fremder Gast in meinem Haus,
ich teilte mit ihm die Speise,
ich bot ihm Wein zum Trank
und spielte ein Lied für ihn,
und im Namen der Dreifaltigkeit
segnete er mich und mein Haus ...
und auf dem Dach die Lerche sang:
Oft, oft, oft kommt Christus im Gewand eines Fremden."

Wie schön! Aber es legte sich mir auch wie Mehltau auf die Seele. Welch eine Erwartung! Für diese Menschen und ihr Haus beten? Gern! Aber daß von Christus etwas durchscheint, das konnte ich nicht machen. Ich konnte ihn nur bitten: „Sei du unter uns, sei morgen da, wenn die Frauen kommen. Sei in meinen Worten, daß niemand enttäuscht nach Hause gehen muß, weil es Steine statt Brot gab."

Und wieder das kaum faßbare Wunder: Am Anfang das Zögern und Warten der Frauen und beim Abschied – Lachen und Offenheit, Vertrauen und Freude.

Eine Stunde später saß ich wieder im Zug. Pünktliche Abfahrt! Nürnberg – Hamburg, ohne umzusteigen. Entspannt lehnte ich mich zurück und aß von den frisch gepflückten Äpfeln, die Frau Goldach in meine Tasche gesteckt hatte. Geschenkte schmecken anders als gekaufte. Ich genoß es, ohne Pflichten und Planung halb träumend nach Hause zu fahren. Alles Gelingen, alles Unvollkommene konnte ich Gott zurückgeben. Wie befreiend!

Und wie schön waren diese Herbstfarben in der späten Nachmittagssonne: die Berge, die Wälder, der kleine Bach mit den Erlen, die Wolken! Und ich konnte all dies sehen. War das nicht Segen? Unverdientes Geschenk?

Die drei älteren Damen in der Mitte des Großraumwagens begannen plötzlich zu kichern, dann lauthals zu lachen, sie konnten sich nicht halten. Ihre Ausgelassenheit steckte an. Das halbe Abteil lachte über ihr Gelächter. Wie wohltuend ist das Lachen, auch wenn man nicht weiß, warum.

Meine Gedanken eilten voraus nach Hamburg, drei Stunden Fahrt nur noch. Mein Mann war auch gerade auf Reisen. Ich hatte den Kindern hundert Mark in die Schublade gelegt und gesagt: „Es wird wohl reichen für die vier Tage. Macht damit, was ihr wollt. Kauft Vanille-Eis zum Frühstück und Steak zum Kaffee. Oder eßt das Knäckebrot aus der Speisekammer und kauft euch Jeans im Secondhand-Laden! Geht ins Kino oder Konzert ..."

Ich hatte vier Tage „frei“, und sie sollten auch ihre Freiheit haben; eine Chance, Unsinniges zu tun und Unnötiges zu kaufen, Leben ohne Kontrolle ...

Ich war gespannt auf das Ergebnis.

„Was wir mit dem Geld gemacht haben? Wir haben es für Mineralwasser und Mathe-Nachhilfe genommen, einen abgebrochenen Schlüssel mußten wir nachschneiden lassen, und Susi brauchte Kamillensalbe für ihre Lippe. Brot und Milch haben wir besorgt fürs Frühstück morgen ...“

„Ach, ihr Lieben! Und eure Mutter hatte fränkischen Wein und Apfelstrudel, chinesisches Essen und Hirschragout. Morgen koche ich euch etwas Gutes!“ – „Das wäre ein Segen!“

Wenn Sie duschen möchten ...

Manche Haushalte sind technisch so vollkommen, daß sie mich, den Übernachtungsgast, vollkommen ratlos machen.

„Wenn Sie duschen möchten ...“, sagt Frau Eggendorf, „bitte!“ – und öffnet die Tür zum Bad. Eine blitzende Badelandschaft tut sich auf, Größe und Glanz, die sprachlos machen.

Unser Reihenhaus hat – für sechs Personen – ein kleines Bad, und ich meinte bisher, nichts zu vermissen.

Aber wenn Luxus sein muß, kann ich damit leben. Kein Problem!

Alles ist zum Duschen bereit, ich auch. Doch dann ist der Dusche auf keine Weise heißes Wasser zu entlocken. Nichts hilft! Kein Drehen, Drücken oder Ziehen. Also denke ich an meine Großmutter und dusche kalt. Wie erfrischend! Auch Badewannen haben – was den vollautomatischen Verschluß angeht – ihre Tücken, sind aber im Prinzip einfacher.

Mit der übrigen Elektronik dieses Hauses, mit Sperrzonen, Einbruchssicherung, Alarm- und Lichtanlagen habe ich nichts zu tun. Das ist Sache des Hausherrn. Nur in meinem Zimmer muß ich mit hell und dunkel, warm und kalt zurechtkommen. Herr Eggendorf, der vom Fach ist, weist mich in die Geheimnisse der Klatsch- und Touch-Schalter ein. Meine Nachttischlampe reagiere auf Berührung. Ein leichter Schlag, und es wird hell! Wunderbar! Nur ..., man muß im Dunkeln treffen, das ist klar.

„Vielleicht sollte eine kleine Phosphor-Spur dem Gast im Halbschlaf helfen, das Ziel zu finden!" dachte ich und sagte es leider auch.

„Eine gute Idee!" rief Herr Eggendorf erfreut. „Ich werde das morgen erledigen, ich muß sowieso in die Stadt!"

Belustigt, aber auch erschlagen von soviel elektronischer Perfektion, schlafe ich irgendwann ein, habe aber – was man verstehen wird – komplizierte Träume.

Mitten in der Nacht wache ich auf: Da war ein Geräusch! An der Fußleiste hinter meinem Bett war es! Ich richte mich auf. Nichts! Da ist es wieder!

Eine Maus! Eine Maus in diesem Haus? Unmöglich! Oder doch? Ich weiß, wie es sich anhört, wenn Mäuse nagen: an Holz oder Büchern oder harten Keksen. Einen ganzen Winter lang hatte ich einmal als Studentin eine Maus in meinem Zimmer – damals, als ich am Zürich-See wohnte. Wochentags teilte ich lautkrachende Supermarkt-Kekse mit ihr und sonntags Schokolade. Sie hat das sehr geschätzt. Ich auch. Und ich liebte diese kleine, zierliche Haselmaus mit ihren blauen Augen, die, wenn alles ruhig war, ganz zutraulich auf meinen Bettvorleger lief und sich aufrichtete, um besser Kontakt aufnehmen zu können. Sie witterte Vorräte von weitem. Doch im Frühjahr beendete eine Falle unsere Freundschaft. Meine Wirtin hatte die Maus gewittert.

„Wußte ich's doch! Und Sie haben nichts gemerkt?"

„Nichts!"

Das Geräusch kam wieder, es blieb – mit kleinen Unterbrechungen. Auch die Unterkiefer einer Maus brauchen kurze Entspannungspausen. Ich legte mich zurück. Wie wohltuend war diese kleine Kreatur in dem Labyrinth aus Sterilität und Technik! Wie die Maus es wohl geschafft hatte, hier hereinzukommen durch Sperrzonen und Lichtschranken? Und was, wenn sie nicht nur an der Holzleiste nagte, sondern (wie einst unsere Zwergkaninchen) eine Leidenschaft für Lichtkabel entwickelte und sich bis zu ihnen durchfräße? Sie könnte alles in Dunkelheit tauchen, Klatsch- und Touch-Schalter außer Betrieb setzen (und Herrn Eggendorf in Verzweiflung stürzen). Aber sie weiß nichts von den Kabeln, und ich werde ihr nichts verraten. Das wäre unfair!

Der Mantel des Propheten

(Im Zug zwischen Stuttgart und Hamburg)

Du, ich habe den Geschmack des Weins noch auf der Zunge. Er war herrlich! Meinst Du, es gibt ihn auch in Tübingen? Dann könnte Johannes uns doch ein paar Flaschen davon mitbringen. Ach ... immer die Sehnsucht, einen glücklichen Augenblick festzuhalten oder gar fortzusetzen. Aber schreib mir bitte trotzdem, wie der Wein hieß, ja?

Auch die Rote Grütze als Nachtisch war wunderbar. Alles war schön. Daß es mitten an einem Arbeitstag diese zwei Stunden gab: das Essen, die warme Märzsonne, die Krokusse im Park! Die kleinen gelben blühen ja als erste. Ich fühle noch Deine Hand in meiner, so konnte ich Dich ein wenig stützen. Forsch und entschlossen bist Du auf diesen Kieswegen gegangen. Ob Du es mit neunzig Jahren auch noch kannst? Du hast von Deiner Arbeit erzählt, von Plänen für neue Bücher, und ich habe Dich gefragt: Magst Du den neuen Titel? Oder soll ich das Buch anders nennen?

Aber dann, als wir in das Restaurant zurückkamen – dieses alte Ehepaar ... Wie sie da nebeneinander saßen, direkt hinter der Eingangstür: „Na, da sind Sie ja! Endlich!"

„Wieso?"

„Der Herr da hat meinen Mantel an!"

Du hast den offenen Mantel sofort ausgezogen, ohne nachzusehen, ob er recht hatte. Ganz erschrocken hast Du ihn ausgehändigt. Im Garderoben-Schrank hing Dein Mantel: dasselbe Dunkelblau, auch Popeline, aber Raglanärmel.

„Sie müssen doch wissen, wo Sie Ihren Mantel hingehängt haben, nämlich links! Und meiner hing doch rechts!"

Ich faßte mich als erste und versuchte zu erklären: „Wir haben ihn nicht selbst weggehängt. Der Ober hat es getan. Es tut uns leid. Entschuldigen Sie bitte!"

Die Frau, deren Atmung sich wieder normalisiert hatte, sagte zu mir: „Na ja, daß Sie wiederkommen, wußten wir ja! Wegen Ihrer abgestellten Reisetasche ... Die Serviererin gab sie mir."

„Es tut uns so leid! Was können wir tun ...?"

„Nichts!"

Das stimmte ja auch wieder. Ich hätte ihnen gern eins meiner Bücher geschenkt. Aber was sollten sie damit?

Ich habe im Zug noch gelacht – eigentlich nur über die entschlossene Griesgrämigkeit der beiden. Sie hätten die Sache ja auch mit Humor nehmen können – meine Tasche als Garantie in der Hand! Sie hätten einen Kaffee trinken und darüber spekulieren können, wer es wohl war, der den Mantel jetzt trug. Aber sie wären wohl kaum darauf gekommen, daß es ein Schriftsteller war, berühmt und geliebt!

Vermutlich wird der fremde Mantel nie wieder die Chance haben, auf solchen Schultern durch einen Park getragen zu werden. Armer Mantel!

Allerdings – das muß ich zugeben! –, an Deinem Mantel fehlte der mittlere Knopf! Ob er ihn deshalb nicht wollte?

So verpaßt man – vor lauter Verärgerung – die Höhepunkte seines Lebens! Und wir ..., wir haben nichts gesagt. Viel zu bescheiden, den Schleier zu lüften.

Aber was nützt der „Mantel des Propheten" dem Ahnungslosen?

Auch ein nur einstündig getragener hätte ja seine Kraft entfaltet! Doch nun: Kein Wasser dieser Erde wird er damit teilen können wie einst Elisa.

Nachtrag: Prophetenmäntel haben heute andere Kräfte: die Kraft zum Mitleid und Verzeihen. Als der Träger seine Hand in die Manteltasche steckte, umfaßten seine Finger eine fremde Brille. Er gab – noch wütend, aber mitleidig – dem Restaurant seine Telefonnummer. Der Besitzer könne die Brille bei ihm abholen. So haben die beiden sich noch einmal getroffen und diesmal freundlich unterhalten.

Und der Mangel ist Gewinn

Elfter Streiktag der Bundesbahn. Ich habe eine Nachmittagsveranstaltung in Dortmund! Thema des Vortrags: „Ist Glück machbar?"

Offenbar nicht, denn mit den Zügen ist alles unsicher. Tickets werden zwar verkauft, aber am Schalter sagt man mir: „Vielleicht fährt morgen ein Zug. Das wissen wir jetzt noch nicht!"

Aber dann: Wer früh genug aufsteht, findet einen Zug, und wer schnell ist, einen Platz. Reservierungen gelten nicht mehr.

Kaum ist die Hinfahrt gesichert, frage ich nach der Rückfahrt.

Aber das interessiert die Bundesbahn nicht. Sie befördert zunächst alle vom Norden in den Süden, genauer in den Südwesten.

„Keine Ahnung!" sagt der Schaffner – gutgelaunt, weil ausgeruht. „Ab 17.00 Uhr stehen alle Züge still!"

Meine Mitreisenden finden das witzig, weil sie ohnehin in Köln, Essen oder Koblenz bleiben wollen. Ich greife nach einem Apfel. Drei habe ich mitgenommen, einen esse ich zur Sicherheit schon mal. Wer weiß, was kommt. Da fällt mir der Speisewagen ein. Essen tröstet. Aber welch ungewohnter Anblick: nur sieben Gäste! Jeder sitzt an einem Tisch und blickt gläubig in Richtung Theke oder sagen wir: Küchenkabuff. Die Tische sind leer, keine Speisekarten, nur weiße Tischtücher frisch entfaltet. Konzentrierte Aufmerksamkeit, denn immerhin sind zwei Kellner mit dem Stapeln von Getränkekästen beschäftigt. Keiner fragt, keiner gibt Auskunft.

Ich entschließe mich, aus dem Fenster zu gucken. Wie schön sind die Wiesen im Mai – mit Löwenzahn und Hahnenfuß! Die Rapsfelder beginnen zu blühen, noch überwiegt das Grün. Ich träume so vor mich hin und habe mich gerade ganz von irdisch-kulinarischen Gedanken und Genüssen gelöst, da sagt eine Stimme neben meinem Ohr: „Kaffee??" Ich reagiere blitzschnell, bevor der Streik erneut ausbricht, und sage: „Tee, bitte!" Das war ein Fehler. Denn was kam, war warmes Wasser mit einem Teebeutel, der unter diesen Temperaturbedingungen nichts außer Farbe hergab. Immerhin!

Nach getaner Arbeit und in Ermangelung neuer läuft der Ober durch den Mittelgang: „Alle zufrieden?" Schweigen! „Das hört man gern!"

Wie schön und freundlich sind Menschen ohne Streß! Keine Klagen über zu harte Steaks oder zu weiche Eier. Keiner, der nervös fragt: „Wann kommt endlich mein Essen?" Jeder weiß: Es kommt nicht. Wohltuende Gelassenheit. Der Ober hat sich zu dem älteren Herrn ganz vorn an den Tisch gesetzt, sie reden ein wenig miteinander. Der alte Mann lächelt glücklich, es ist eine seiner schönsten Reisen. Zuwendung und Zeit!

Irgendwann, ich habe meinen Tee längst getrunken, kommt noch die Milch dazu. Zwölf kleine runde Plastikbehälter – 10 g – von der Sorte, die es unmöglich macht, den Inhalt ohne Spritzer in die Tasse zu befördern. Die Flecken bleiben mir also auch erspart.

Kurz vor 13.00 Uhr macht der italienische Küchenchef eine Entdeckung. Er stößt einen heiseren Schrei aus. Sein Kollege springt auf, sieht nach, beide umarmen sich. Triumphierend kommt der Ober an die Tische seiner sieben Gäste: „Frankfurter Würstchen mit Kartoffelsalat oder Brötchen!“ Jedem einzelnen raunt er es zu wie eine Geheimbotschaft. Die Dame vor mir ist verblüfft. Es verschlägt ihr die Sprache, was der Ober als Entscheidungsschwäche sieht. Er sagt: „Lassen Sie sich Zeit mit Ihrer Wahl! Wir sind bis Passau dabei!“

Gute Laune statt Perfektion.

Die Fahrgäste haben längst ein ganz anderes Verhalten angenommen: Sie liegen vor den wenigen nicht streikenden Bahnbeamten auf dem Boden und flüstern mit Augenaufschlag: „Ach, entschuldigen Sie bitte, dürfte ich Sie vielleicht mal fragen, ob es in Bremen wohl einen Anschluß gibt? Ich meine ..., irgendwann ..., heute oder morgen???“

Und nun sage einer, Streik lohne sich nicht! Finanziell vielleicht nicht, aber als crash-course in Sachen Bescheidenheit und Höflichkeit ganz sicher. Welch wunderbares Glücksgefühl, wenn schließlich doch ein Zug fährt!

Guter Rat kann teuer werden

Der Vater brachte seine – sagen wir 19jährige – Tochter an den Zug. Vom Bahnsteig aus rief er in das vollbesetzte Abteil: „Und wenn du was bezahlen sollst ..., immer aus der Hosentasche! Laß die Hundertmarkscheine, wo sie sind! Unter der Bluse!"

„Ja."

„Und wenn du mehr brauchst, steckst du das Geld vorher in die Hosentasche! Klar? Und lauf in der Nacht nicht zu lange in Paris rum!"

Dann setzte sich der barmherzige Zug in Bewegung. Und die Tochter setzte sich auf ihren aufgehängten Mantel. Ein leises „Krick", und der Aufhänger war abgerissen. Warum hatte der Vater nicht gesagt: „Paß auf, wenn du dich hinsetzt ..." Selber schuld! Jetzt begann die bis ins Detail geplante Reise bereits vor Abfahrt des Zuges mit einem Dilemma.

Aber wir können davon ausgehen, daß für ein Nähetui im Handgepäck gesorgt war. Zumindest schwarzes und weißes Nähgarn müßte vorhanden sein, wenn nicht sogar Zwirn. Ich bin sicher: auch Zwirn.

Nachdem die Tochter – vielleicht heißt sie Ulrike? Nein, eher Gudrun! – sich von ihrem Schreck erholt hatte, zog sie das Nähzeug aus der Handtasche. Schwarzer Zwirn. Was ich nicht wissen konnte: Der Faden war bereits in der Nadel. Sie reparierte den Schaden und legte den Mantel waagerecht ins Gepäckfach.

Nach einer Weile nahm sie ein Buch zur Hand: Ratgeber für Paris!

Schade! Wenigstens in den Ferien hätte sie das Überleben ja einmal selbst versuchen können. Vielleicht wäre es ihr sogar geglückt. Ganz schiefgehen kann es nicht, selbst wenn sie ihr Gepäck verliert. An der Tasche hängt nämlich – in Plastik eingefaßt und regensicher – ihre Adresse: Gudrun Schellhorn, Westring 420, Kiel/Holstein.

„Gute Reise, Gudrun! Und wenigstens ein noch nicht geplantes Erlebnis!“

Ach, vielleicht bin ich nur eifersüchtig auf sie, weil ich nie so umsorgt wurde. Aber ich hätte es wohl auch nicht ertragen.

Über die Kunst, nicht aufzufallen

Gegen 16.00 Uhr landen wir in Frankfurt. Die Mittelmeerkreuzfahrt ist zu Ende. Karen und Peter fliegen gleich weiter nach Hannover, aber meine Maschine geht erst am Abend.

„Weißt du“, sagt Karen, „drei Stunden sind eine lange Wartezeit hier in Lärm und Gewühl. Ich habe doch einen Ausweis für die Senator-Lounge. Da ist es herrlich! Wir gehen schnell hin und schleusen dich mit ein. Es wird schon klappen! Und wenn Frau Bremer am Eingang sitzt, ist es ohnehin kein Problem!“

Frau Bremer hat ihren freien Tag, aber Karen überwindet auch fremde Hindernisse. Wir setzen uns in die weißen Sessel der Lounge. In der Mitte eine sechseckige Bar, es gibt alles. Karen und ich trinken ein Tonic-Wasser, Peter einen Whisky. Auf der kleinen Tüte mit Salzmandeln steht: Happy hour! Aber es sind nur ein paar Minuten, dann müssen die beiden gehen. Wir verabschieden uns, und ich werde mich nun ganz selbstverständlich und unauffällig im exklusiven Luxus der VIPs, der „Senatoren“ und Geschäftsleute bewegen.

Nichts einfacher als das! Ich tue einfach, was alle tun: Ich schreibe. Das hatte ich sowieso vor. Erste Überlegungen für ein Referat in Eutin. Stichworte, Notizen – aber dann stelle ich fest: Niemand außer mir schreibt! Schon gar nicht mit der Hand. Man spricht ins Diktaphon, diktiert, konferiert oder liest die Zeitung. Schreiben ist ganz unüblich. Es verrät mich als Außenseiter, aber das hat meine Kleidung ohnehin schon getan. Kein Mensch trägt helle Hosen oder eine gestreifte Jacke. Die hier angesagten Farben sind schwarz und dunkelblau.

Mir ist nach einem Kaffee zumute. Mit einer Andeutung von Gähnen, was routinierte Gelassenheit vortäuschen soll, gehe ich in Richtung Kaffeemaschine. Ich will wie auf dem Schiff den Hebel bedienen, aber da ist kein Hebel. Nur ein feststehendes Metallrohr! Mechanik ist out. Hier läuft alles digital. Ein Feld mit Bildern: große Tassen, kleine, mittlere. Ich handle schnell, nur das ist wichtig, und entscheide mich für die mittlere Tasse. Ein kurzes Röcheln und Zischen – ruhig bleiben! –, dann saust ein Kaffeestrahl aus dem Chromrohr. Leider steht meine Tasse nicht an dieser Stelle, aber das letzte Drittel kann ich mühelos auffangen. Nicht schlecht für den Anfang. Das nächste Hindernis: Warum gibt es keine Untertassen? Nur längliche Schalen wie für Bratheringe stehen da. Also gut, eine Serviette tut's auch! Nur nicht zögern!

Später, als meine „Mit-Senatoren" sich Kaffee holen, sehe ich: Die Heringsschalen wären es gewesen! Nächstes Mal!

Richtig, ich wollte ja noch mit meiner Familie telefonieren. Es klappt reibungslos. Erstaunlich! Doch nun, nachdem ich Isabelles Stimme gehört habe, werde ich ungeduldig, Heimweh zu guter Letzt!

Eine ganze Stunde ist noch zu überbrücken. Vielleicht sollte ich Musik hören! Ich lege eine Kassette in meinen Walkman, eine Bachkantate. Ganz entspannt lehne ich mich zurück. Durch die halbgeöffneten Lamellen der großen Fensterfront leuchtet der Abendhimmel. Helle, blaßblaue Streifen zwischen den grauen Wolken. Ich fühle mich wohl. Alle Beklommenheit weicht.

Irgendwann ist Boardingtime. Gate 11. Die Fluggäste des Flieg- und Spartarifs bedienen sich am Snack-Buffet mit einer Banane, die sie im Gehen essen. Es gibt Brötchen. Der Kaffee fließt problemlos in Pappbecher, wenn man den Hebel bedient. Meine Kleidung ist angemessen. Sie paßt zu den roten Schalensesseln aus Plastik, die angeschraubt in langen Reihen den Warteraum ausfüllen.

Und doch! Wie herrlich war diese Oase für drei Stunden. Ich danke dir, Karen!

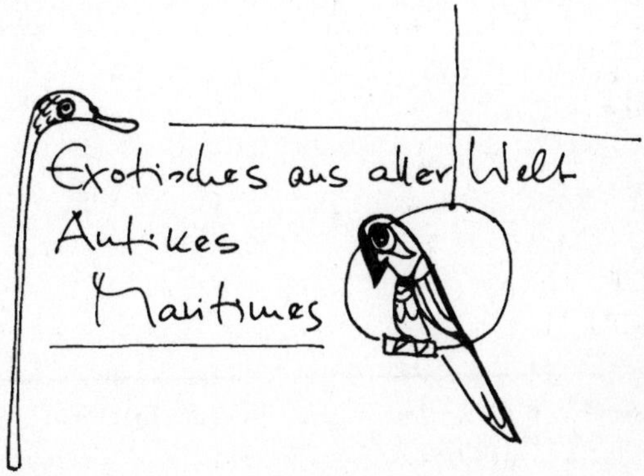

Die zehnfache Kraft?

Februar. Regen und Wind. Alles grau in grau.

Ich sitze im Zug auf der Strecke zwischen Hannover und Wolfsburg. Früher Nachmittag, nicht mehr ganz hell, aber auch noch nicht dunkel. Die Fahrgäste steigen einer nach dem anderen aus, ab Gifhorn bin ich allein.

Die Landfrauen haben mich zu einem Vortrag eingeladen. Das Thema: „Ich möchte über meinen Schatten springen."

Aber im Moment möchte ich das gar nicht. Dieses trübe Wetter nimmt mir jeden Schwung. Ich sehe also aus dem Fenster, wo es nichts zu sehen gibt außer ein paar Baustellen. Hier, denke ich, sagen sich nicht einmal Fuchs und Hase gute Nacht, sondern verschwinden wortlos in ihrem Bau, auf besseres Wetter hoffend.

Da fällt mein Blick auf die Landkarte im Gang. Darüber eine viereckige Werbefläche, und weil dort noch niemand wirbt, hat man als Beispiel einen Spruch abgedruckt: „Dem Menschen einen Glauben schenken, heißt, seine Kraft verzehnfachen."

Die zehnfache Kraft? Nicht schlecht! Könnte ich gebrauchen. Aber geht das denn: anderen Menschen einen Glauben schenken? Muß nicht jeder seinen Glauben selbst finden? Und was für ein Glaube ist gemeint? Irgendeiner?

Es werden ja viele angeboten: der Glaube an eine Lehre, an einen Guru, an mich selbst. Ich soll in den Spiegel blicken und zu mir sagen: „Gut siehst du aus! Du bist begabt! Du wirst es schaffen!" Aber wenn die Kraft zum „Positiven Denken" nicht da ist – was dann? Wenn ich nicht im voraus beschwörend sagen kann: „Danke für das Gute, das dieser Tag mir bringen wird!"?

Es gibt ja noch andere Möglichkeiten: die Esoterik, Zen und Yoga. Welchem „Glauben" soll man glauben?

Zwischen all den exotischen Rennern und Oldtimern erscheint der christliche Glaube fast etwas blaß. Er ist jedenfalls nichts Neues. Und das Evangelium verspricht auch nicht, unsere Kraft zu verzehnfachen. Es verspricht etwas ganz anderes: nämlich, daß Gottes Kraft sich als stark erweisen wird, gerade wenn wir schwach sind. Als Paulus Gott darum bat, seine Krankheit von ihm zu nehmen, hat Gott geantwortet, daß er ihm gnädig sei, und das sei alles, was er brauche. „Laß dir an meiner Gnade genügen, denn meine Kraft ist in den Schwachen mächtig" (2. Kor. 12,9).

Das ist sehr befreiend. Wie wohltuend, nicht aus der eigenen Anstrengung leben zu müssen, sondern aus Gottes Kraft. Wie wunderbar auch an diesem grauen Nachmittag. Ich kann mich auf Gottes Kraft verlassen. Er wird dort sein bei den Menschen, zu denen ich fahre, und ihnen schenken, was sie brauchen: seine Nähe und Zuwendung. Das wird durch meine Worte und trotz meiner Worte geschehen. Ich werde mir Mühe geben, aber ich kann es nicht machen, daß auch nur ein einziger Mensch neue Freude und Zuversicht gewinnt. Das kann nur Gott. Es kommt aus seiner Kraft, die etwas anderes ist als die Kraft eines Menschen, auch wenn sie sich verzehnfacht.

Sprüche in der Bahn sind oft nichts als Platzhalter oder Beispiele für Werbung, aber manchmal erinnern sie uns daran, woher Kraft für uns kommt und daß Gott sagt: Gib nicht auf, wenn du leer und kraftlos bist, gerade dann kannst du meine Kraft erfahren.

Wozu Sicherheitsnadeln gut sind

Pünktlich um 7.23 Uhr verließ der ICE den Altonaer Bahnhof. Ein Faltblatt auf dem Tisch sagte mir, daß dieser Zug „Hannah Arendt" hieß. Welch ein Zufall! Fast der gleiche Name!

Eine Mischung aus Glück und Wohlbehagen stieg in mir auf. Ich fühlte mich wie zu Hause. Eigentlich könnte die Bahn mich doch umsonst reisen lassen! Aber der Schaffner fand diesen Gedanken abwegig: „Wo kämen wir da hin, wenn alle Brahms und Rembrandts freie Fahrt hätten!"

Doch mein Gefühl von Harmonie und Stimmigkeit hielt an – trotz leicht unterkühlter Temperatur und immer kälter werdender Füße. Kalte Füße stören den ganzen Menschen. Es war gut, nach drei Stunden zur Weiterfahrt in einen Eilzug umsteigen zu können.

Dieser Zug war fast leer, ich hatte ein ganzes Abteil für mich, konnte zuerst lüften – manuelle Fensterbedienung –, dann die Heizung an den Füßen aufdrehen. Herrlich! Die weinroten, mit Cordsamt überzogenen Sitze: gemütlich altmodisch.

Daß ich allein reiste, war mir auch deshalb lieb, weil ich noch schnell den abgerissenen Aufhänger meines Mantels annähen wollte.

Schließlich fuhr ich zu meinem Verlag, und es lag mir daran, jedenfalls in dieser Hinsicht einen guten Eindruck zu machen. Dazu hatte ich mir auf dem Kasseler Bahnhof Näh-Utensilien gekauft; eine Reise-Luxus-Ausführung mit Einfädler, richtigen Garnrollen und zwei bunten Fadenzöpfen, die alle Farben enthielten, außer der einen, die ich brauchte: olivgrün.

Das scheint jetzt out zu sein. Vielleicht sollte ich einen neuen Mantel kaufen?

Der Aufhänger war schnell repariert – mit dunkelgrau. Er würde länger halten als der Mantel, und da ich den Faden gerade in der Nadel hatte, habe ich auch gleich die Lasche am unteren Saum wieder festgenäht. Mit einer halbhängenden Lasche wirkt der ganze Mensch liederlich. Und daran lag mir gerade heute nicht. Eigentlich konnte ich auch noch das etwas zu weite Knopfloch an meiner anthrazitfarbenen Strickjacke ein wenig enger nähen, denn an der Stelle sollte die Jacke lieber nicht aufgehen. Nur gut, daß ich allein im Abteil war, sonst wären meine Mitreisenden sicher gespannt gewesen, welche noch tieferliegenden Schichten ich anschließend reparieren würde.

Vielleicht fragt sich mancher, weshalb ich so etwas nicht zu Hause erledige. Ich frage mich das auch.

Der Zug hielt. Treysa. Eine ältere Dame stieg zu und beobachtete den letzten Teil meiner Knopfloch-Nähaktion mit ungeteilter Aufmerksamkeit. Dabei wäre der Blick nach draußen auf die freundlich fließende Lahn mit Herbstsonne viel schöner gewesen.

Aber vielleicht war sie gespannt, was als nächstes drankam.

„Und was jetzt?“ fragte sie.

„Ich weiß nicht. Eigentlich bin ich fertig.“

„Na, sehen Sie mal, die Gardine neben Ihnen, die hat da ein Loch! Und Sie haben doch einen so schönen maisgelben Faden in Ihrem Etui.“

Warum nicht? Ich fahre so viel mit der Bahn, das ist nur fair.

„Sie machen das aber gut! Sind Sie Schneiderin?“

„Nein, nein!“

„Schade! Sonst könnten Sie mich beraten!“

„Worin denn?“ (Es ist ja besonders schön und leicht, in Dingen Rat zu geben, von denen man sozusagen nichts versteht.)

„Ach, mein Kostüm wirft hier immer Falten; besonders, wenn ich sitze. Könnten Sie mir die mal abstecken?“

„Ich habe keine Stecknadeln.“

„Aber da sind doch Sicherheitsnadeln in Ihrem Kästchen!“

„Na gut, ich will's versuchen.“

„Prima! Jetzt lege ich mein Tuch darüber, und keiner sieht was. Zu Hause kann ich das dann abnähen. Aber sagen Sie mal – wenn Sie keine Schneiderin sind, was sind Sie dann?“

„Ich arbeite auch mit Stoffen.“

„Dachte ich's mir doch!“

„Aber meine Stoffe sind Gedanken, Wörter, Sätze. Ich schreibe Texte und Bücher.“

„Sooo?!! Na, da ist es aber auch wichtig, Überflüssiges herauszuschneiden, oder? Ich meine, das Ganze muß ja 'ne Form haben und passen. Vor allem darf es nicht zu lang sein, dann liest es keiner!"

„Stimmt!"

Im Verlag ging es darum, mein neues Manuskript um ein Drittel zu kürzen. Meine Lektorin wunderte sich, wie gut ich diesen für Autoren (die jedes ihrer Worte lieben) sonst so schmerzlichen Prozeß überstand. Sie wußte nicht, daß ich im Zugabteil schon mit Sicherheitsnadeln geübt hatte.

Nichts als Wolken

Den Juli-Abend in Zeebrügge/Belgien werde ich nicht vergessen. Wir gingen den breiten Sandstrand entlang. Drei Stunden waren es noch bis zur Abfahrt der Fähre nach England.

Wir redeten kaum. Ab und zu hob einer von uns eine Muschel auf und warf sie dann wieder weg. Über dem Meer lagen schwere graue Wolken, die sich immer dichter auftürmten. Wie sehr glichen sie der Landschaft meiner Seele! Das einzige, was ich sagen konnte, waren stumme Gebete: „Herr, du! Nur du kannst etwas tun! Gib uns doch ein Lebenszeichen von unserer Tochter! Dir ist nichts unmöglich!"

Sobald ich „Du, Gott ..." sagte, schienen sich die Wolken ein wenig zu öffnen. Hoffnung vom Himmel her fiel in mein Herz, obwohl sich seit dem Morgen nichts verändert hatte.

Susanne reiste seit drei Wochen mit ihrer Freundin im Auto durch Texas und Mexiko. Wir hatten nach ihrer Ankunft dort nichts mehr von ihnen gehört. Wie sehr hatte ich mir eine kurze Nachricht gewünscht. „Hallo, alles okay!" Und das noch vor unserer Abreise in die Ferien nach England. Aber ich wußte ja, daß es auf weiten Strecken der mexikanischen Steinwüste weder Postämter noch Telefone gab.

Doch dann, morgens um sieben, als ich gerade dabei war, Brote für unsere Reise zu streichen, klingelte das Telefon.

Eine nicht unsympathische Frauenstimme sagte in gebrochenem Deutsch mit spanisch-mexikanischem Akzent: „Hören Sie? ... Ich glaube ... Ihre Tochter!" Und dann kam eine tiefe, ganz unmenschliche Stimme: „Hallo, Mammie ..." Danach wurde es immer undeutlicher, verzerrter, leiser, und schließlich hörte es ganz auf. Das war doch eine Männerstimme!

Trotzdem rief ich: „Hallo, Susi, bist du es? Hallo, hallo ..."

Nichts. Schließlich legte ich auf. Ich zitterte und fror. Wie konnte ein Mensch eine solche Stimme haben? Sprach so einer unter Drogen oder Alkohol? Dann wurde mir klar: Es war ein zu langsam abgespieltes Tonband – absichtlich oder mit schwacher Batterie. Es konnte Susanne gewesen sein.

War sie in die Hände einer Drogenbande geraten, die uns jetzt erpressen wollte? Wieso hatte jemand unsere Telefonnummer und wußte, daß wir eine Tochter haben? Ich lief und weckte meinen Mann. Johannes war auch im Haus. Drei Stunden lang saßen wir wie erstarrt neben dem Telefon. Dann beschlossen wir – wie geplant –, nach England zu fahren. Johannes würde im Haus bleiben und uns benachrichtigen. Wir konnten schließlich genauso schnell von London aus nach Mexiko fliegen.

Obwohl die See ruhig war, schlief ich während der Überfahrt keine Minute. Meine Muskeln waren verspannt und schmerzten, der ganze Körper tat mir weh.

Am Spätnachmittag zogen wir in unser Ferienhaus ein und sanken abends müde ins Bett. An Schlaf war nicht zu denken. Kurz nach Mitternacht klingelte das Telefon.

Johannes rief aus Hamburg an. Susanne habe sich bei ihrer Gastfamilie in Texas gemeldet, sie seien auf dem Weg nach Kalifornien. Die Familie hatte auf unsere Bitte diese Nachricht an uns weitergegeben.

Wie wunderbar! Sie lebte! Alles schien in Ordnung zu sein. Sechsunddreißig Stunden sind lang. Mit der Zeit entspannten wir uns. Was es mit diesem Anruf auf sich hatte, wissen wir bis heute nicht. Aber Susannes Acht-Seiten-Brief, den wir bei unserer Rückkehr vorfanden, ließ noch einmal unseren Atem stocken.

Die Mädchen waren zweimal ausgeraubt worden, beim Auto hatten die Bremsen versagt – auf einer Kreuzung mitten in Los Angeles! Es gab Taranteln, Schlangen und vom Regen rutschige Gebirgsstraßen.

Als Susanne nach fünf Wochen zurückkam, sagte sie: „Ich bin drei Jahre älter geworden, ein anderer Mensch sozusagen. So viel Gefahr und so viel Hilfe!"

Am unfaßlichsten ist mir, daß eine alte, achtzigjährige Indianerin, die von ihrem Sohn gehört hatte, daß zwei Mädchen ohne Unterkunft in Sells herumliefen, nachts aufstand und nach ihnen suchte. Als sie die beiden an einer Tankstelle fand, sagte sie: „Ich habe schon geschlafen. Da hat Gott zu mir im Traum gesprochen. Er hat gesagt: ‚Laß die beiden Mädchen nicht allein.' So bin ich wieder aufgestanden, um euch zu suchen. Also, kommt mit in mein Haus!"

Sie durften dort duschen, die alte Frau kochte ein Essen und gab ihnen einen Schlafplatz – mitten in den Slums von Sells.

In Zeiten der Angst und Ungewißheit sehen unsere Augen nichts als Wolken. Aber Gottes Bewahrung geschieht hinter dieser Wolkenwand – wunderbarer, als wir es erdenken könnten.

Habgierig bin ich nicht – oder doch?

Bisher dachte ich immer: Also, bei allem, was zu sagen wäre ... Aber habgierig bin ich nicht!

Seit unserer Chinareise sehe ich das anders.

Für ein paar Tage waren wir auch in Peking. Silke und ich wollten uns an diesem Morgen den Konfuzius-Tempel ansehen. Es war noch früh. Um diese Zeit gab es hier nur wenige Touristen. Wir gingen umher und fotografierten.

Der Innenhof: stillverstaubt wie im Dornröschenschlaf. Wunderschön die geschwungenen Dächer mit den gelben Keramikziegeln, ein Senf- und Sonnenblumengelb. Aber auch sie von einer grauen Schicht überzogen. Braunkohle und Smog einer Zehn-Millionen-Stadt hatten sich überall abgelagert, der Sand aus der Wüste Gobi auch. Doch langsam begannen die Restaurationsarbeiten. Dachdecker und Tischler machten sich an ihre Aufgabe.

Der Haupttempel wurde nicht benutzt und wirkte deshalb tot, museal. Im Nebengebäude eine Schildkröte, riesengroß mit Drachenkopf. Grauer Granit. Symbol für langes Leben. Auf dem Boden lag allerlei herum.

Plötzlich sah ich herabgefallene Teile einer Farbschicht. Die Farbe der Holzpfosten war brüchig geworden und lag nun da: rot, blau, grün. Ich hob einiges davon auf. Merkwürdig, so ein kleines Stück alter Kultur in der Hand zu halten. Auch Silke hatte schon verschiedene Farben eingesteckt, als Malerin interessierten sie Farben auch von ihrer Zusammensetzung her.

Wir freuten uns über diese unvermuteten Funde, aber damit war es auch aus mit unserer Unschuld. Wir sahen nicht mehr hoch zu den Gebäuden und Dächern, sondern unsere Augen suchten zwischen Erde und Blättern nach Abgeblättertem.

„Da!“ sagte Silke, „guck mal das Grüne da!“

Vorsichtig zog ich ein Stück, dünn wie Papier, aus einer Humusschicht hervor. Es war ein Teil der alten Deckenmalerei. Nicht zu fassen! Kaum größer als eine Briefmarke, aber echt! Ich überließ es Silke. Bei allem Jagdfieber muß man großzügig bleiben! Habgier ist schrecklich! Schon das Evangelium warnt davor, weil keiner davon lebt, „daß er viele Güter hat". So steht es bei Lukas im zwölften Kapitel.

Silke legte ihre Drei-Quadratzentimeter-Kostbarkeit in den Reisepaß, knitterfrei. Zu Hause würde sie das Stück vorsichtig säubern und vielleicht hinter Glas tun. Am schönsten sind eben selbstgefundene Andenken, das ist klar.

Meine Sehnsucht lief eigentlich eher in Richtung gelbe Dachziegel oder ein Stück davon. Aber es ist meist aussichtslos, gezielt zu suchen. Schätze müssen einem zufallen. So geschah es, daß Silke, der an Keramik wenig lag, ein Stück Ziegel fand, gewölbt und glänzend in warmem Gelb. Herrlich! Und ich – fast gleichzeitig – ein weiteres Stück Deckenmalerei, gar nicht so klein. Absichtslosigkeit scheint das Geheimnis zu sein. Wir tauschten unsere Funde aus und waren glücklich. Was sind – verglichen damit – die Brocken der Berliner Mauer? Und schon die werden immer kostbarer.

Wir gingen im Innenhof herum und kamen an eine Treppe, die abgesperrt war. No visitors!

Es sollte renoviert werden. Aber gerade hier, hinter der roten Schnur, lag ein Riesenstück Malerei. Verschmutzt und falsch herum, doch Profis erkennen es auch so. Man sieht nur mit dem Herzen gut! Klar!

„Guck mal, was da liegt", sagte ich, „zwischen Mörtel und Plastik. Das werfen sie doch weg! Meinst du, wir könnten es nehmen? Mit einem Stock herausfischen?"

„Nein!" entschied Silke (als vorbildliche Touristin), „du mußt fragen!"

Gut! Warum sollte ich nicht auch anfangen, Gemaltes zu sammeln, wenn es doch alt war?

Ich fragte. Aber der Mann, den ich für einen Aufseher hielt, verstand kein Englisch. Er lachte nur. Ich versuchte, mich mit dem Maler zu verbünden, der in der Nähe der Treppe seine Drei-Minuten-Touristenbilder malte – vor den Augen des Betrachters. Aber auch er hob die Schultern und lachte.

Auch die Haussegen-Verkäuferin („Glück für die ganze Familie", „Geld kommt reichlich ins Haus", „Gesundheit und langes Leben") war ratlos. Entweder sie begriff trotz Zeichensprache nicht, was ich wollte, oder sie fand es absurd. Ich fürchte, das zweite traf zu.

Aber sollte ich deshalb aufgeben – nach so viel Finderglück? Links neben dem Tempel lagen die Architektenbüros, dort könnte ich es versuchen. (Silke war nämlich gerade fasziniert von der Art und Weise, wie man mit Reispapier, feuchter Quaste und schwarzer Farbe Drucke von alten Inschriften und Stelen abnahm.) Als Test, ob ich in den Büros mit Englisch weiterkam, sagte ich: „Good morning!"

Die beiden Sekretärinnen sahen mich fragend an. Ich wiederholte meine Worte, was manchmal hilft. Darauf erhob sich eine der Frauen und brachte mich zu einem anderen Büro, wo sie größere Englischkenntnisse vermutete, was leider nicht zutraf.

Bei so ausgefallenen Wünschen hätte ich wohl besser ein wenig Chinesisch gelernt. Aber konnte ich das ahnen?

Die Leiterin dieser Abteilung war freundlich und geduldig, sie kam mit, während ich meine Bitte pantomimisch beschrieb. Als ich auf den verstaubten Schatz hinter der Absperrung deutete, lachte sie. Sie muß verstanden haben, was ich wollte, denn sie ging auf ein junges Paar zu: er Amerikaner, sie Chinesin, damit ich meinen Wunsch vortragen konnte.

Beide lachten. Die Chinesin übersetzte. Der Amerikaner umarmte eine marmorne Konfuzius-Statue und sagte: „Yes, and I'll take this statue!" Alle lachten.

Inzwischen hatten sich Handwerker und Dachdecker, Maler, Verkäufer, Gärtner und Hoffeger um uns versammelt. Es lachten mittlerweile mindestens zwölf Personen. Einige, weil sie verstanden, andere – vielleicht – weil sie nicht verstanden. Die Funktion des Lachens habe ich in der kurzen Zeit nicht begriffen. Aber Lachen tut gut. Es gab diesem grauen Morgen einen Schuß Heiterkeit.

Am Ende konnte auch ich meine Souvenirsucht lockerer sehen, denn als die Frau das Objekt meiner Wünsche umdrehte, waren überhaupt nur noch ein paar kleine Farbtupfer drauf – in bröckeligem Türkis. Trotzdem sagte sie „No!“ und schüttelte den Kopf. Ich hätte auch „No!“ gesagt. Damit war die Sache geklärt, und alle konnten wieder an ihre Arbeit gehen.

Aber seltsam – wie schnell das Habenwollen von uns Besitz ergreift und wächst. Und das in einem Land, wo Buddha das Loslassen und Leerwerden von Begierden gelehrt hat, weil die Begierden Ursache allen Leidens sind.

Wir waren – ohne Zweifel – noch nicht lange genug hier. Aber eines frage ich mich ja doch: Ob wir mit unserem Antik-Tick nicht eine neue Souvenirbranche ins Leben gerufen haben. Die Händler könnten doch umsatteln und statt schwerverkäuflicher Blitzgemälde Tempel-Reliquien und Antiquitäten anbieten. Sie könnten die herabgefallenen Stücke und Fetzen ganz einfach gegen Dollarscheine eintauschen, schlicht um schlicht. Dann hätte unsere Habgier noch ihr Gutes – aber nur dann!

Ein Lied, das mitgeht

Während unserer Chinareise besuchten wir viele der berühmten Tempel mit ihren vergoldeten Buddha-Statuen, die Paläste, Parks und Pagoden. Wunderbar diese Architektur, die Formen und Farben: das Rot und Gold, Grün und Blau. Es leuchtete auch an grauen Tagen.

Schwer zu ertragen und schwer zu verstehen war mir das Ausmaß der herrscherlichen Machtdarstellung; besonders deutlich in der „Verbotenen Stadt“, dem privaten Bereich der Kaiser. Wer sich hier – die unendlich vielen Stufen emporsteigend – dem Thron näherte, wurde immer kleiner. Und so sollte es auch sein. Herrschaft als Einschüchterung. Eindrucksvoll, aber fremd. Alles blieb auf Distanz. Und wieviele Menschen haben für diese Bauten ihr Leben gelassen.

Ganz anders als solch eine Besichtigung war die Begegnung mit Menschen, vor allem mit Christen. In Peking wurden wir eingeladen, an einem Sonntagsgottesdienst teilzunehmen. Er begann mit dem Einüben neuer Lieder. Ein etwa siebzigjähriger Arzt predigte. Er sprach völlig frei. Die Aufmerksamkeit der Gemeinde ließ auch nach mehr als sechzig Minuten kaum nach.

Eine gute Predigt muß zwei Stunden dauern, sonst lohnt es sich nicht zu kommen. So denkt man jedenfalls auf dem Lande. Anschließend die Lieder des Chores. Gerade dadurch entstand eine fast heitere Atmosphäre. Ein gutes Gegengewicht zur schweren Arbeit des Alltags. Hier konnte man atmen und leben. Tausendfünfhundert Menschen waren gekommen, und am Nachmittag würde sich die Kirche noch einmal füllen.

Ein besonderes Erlebnis waren die Morgenandachten im Theologischen Seminar von Nanjing. Wir saßen zwischen den Studenten und Lehrern und hielten die schön gedruckte chinesische Liturgie in der Hand – wunderbar, doch für uns leider nicht zu entziffern. Auch hier wieder ein Gefühl von Fremdheit.

Aber dann wird das erste Lied gesungen, und ich kenne die Melodie. Mir fällt auch der englische Text wieder ein, wir haben es viele Jahre gesungen, als wir in Papua Neuguinea lebten.

„Jesus shall reign wherever the sun ...“ (Jesus ist Herr, wo immer die Sonne ihre Bahn zieht. Seine Herrschaft reicht bis an die fernsten Gestade.)

Und nun weicht alle Fremdheit. Wir gehören dazu und singen mit. Ich summe nur noch, weil ich mich an den englischen Text nicht mehr genau erinnere. Was ich aber weiß: Der auferstandene Christus ist gegenwärtig; hier in China, dort im Süd-Pazifik und wo immer Menschen seine Lieder singen. Er bringt sich in Erinnerung – manchmal durch eine einfache Choralmelodie. Und alles ist wie verwandelt. Seit seiner Himmelfahrt ist er ohne zeitliche und räumliche Begrenzung bei seiner Gemeinde als Herr der Welt.

Aber er stellt seine Macht nicht zur Schau, um uns einzuschüchtern. Er schenkt Leben, indem er Fremde zu Freunden macht.

Wir haben uns in der kurzen Zeit dort viel mit chinesischen Studenten unterhalten. Sie haben uns ihre Stadt gezeigt. Wir haben zusammen gegessen und gelacht, sind gefahren und gelaufen und haben immer wieder gesungen. Zum Schluß konnten wir statt: „Guten Morgen!“ „Ni hao!“ sagen und für „Danke“ „tschätschä“.

„Danke“ war uns am wichtigsten.

Nachts zwischen zwei und vier

Sommerurlaub in Portugal. Heute nacht wieder der aussichtslose Kampf mit meinem unsichtbaren Feind: einer einzelnen Mücke. Diesmal ein offenbar kräftiges Tier mit ausdrucksvollem Summton – nicht das hohe Gefiepe und Geziepe wie sonst. Aber eben doch schlafverhindernd.

Was am meisten nervt, ist die Art ihrer Annäherung. Sie kommt aus einer der Zimmerecken, wird mit abnehmender Entfernung immer lauter und bricht ihren Ton dann plötzlich ab. Was bedeutet: Sie hat sich auf mir niedergelassen und beginnt, mein Blut zu saugen. Das ist auch in Ordnung, ich habe ja genug Blut, um dieses winzige Tier mitzuernähren.

Das Summen ist es, was mich um den Verstand bringt. Jetzt wieder: ein plötzlicher Ton-Abbruch! Ich schlage vorbeugend mit der flachen Hand auf Gesicht, Stirn, Ohren und Hals, streife danach über beide Arme, was nicht gerade zum Einschlafen beiträgt. Es ist totenstill. Für etwa eine Minute.

Nachdem die Mücke sich von dem Lärm und Luftzug erholt hat, fliegt sie hoch und summt weiter, auf gleicher Tonhöhe. Sie hat weder körperlichen noch seelischen Schaden genommen. Ich dagegen bin hellwach. Warum sticht sie mich nicht, trinkt bis zum Überdruß und läßt mich dann in Ruhe? Inzwischen ist auch mein Mann wach. „Hast du die Mücke gehört?"

„Welche Mücke?"

„Na, die eine, irgendeine summt da doch!"

„Nimm Autan!" murmelt er schon wieder halb im Schlaf.

Aber ich mag den Geruch nicht, außerdem klebt die Haut davon. Statt dessen spraye ich ein portugiesisches Insektenspray im Halbkreis um mich herum, immer wieder. Das Gift wirkt!

Ich schlafe sofort ein, bin aber nach einiger Zeit wieder wach. Die Mücke auch. Sie summt jetzt etwa einen Meter über meinem Kopf, wahrscheinlich kann sie sich nicht entscheiden, wo und wann sie landen will. Ein Sturzflug wäre jetzt das richtige.

Erstaunlich, wie lange der Ton bleibt. Vielleicht kommt er gar nicht von einer Mücke, sondern von einem Mofa, das sich unermüdlich am Berg hochkämpft. Bei diesem befreienden Gedanken wäre ich fast eingeschlafen, aber gerade jetzt ändert sich die Tonhöhe, solche Intervalle schaffen nur Moskitos. Die Mücke hat eine Entscheidung getroffen. Zielstrebig steuert sie mein rechtes Ohr an, verfehlt es aber. Wieso das? Wäre ich allein im Zimmer, würde ich Licht machen und meinen Feind auf direktem Wege – Auge in Auge, Zahn um Zahn – ermorden. Aber soll ich meinen Mann aufwecken, nur weil ich nicht schlafen kann?

Statt dessen nehme ich meine Waffe, den superschnellen Mückenmörder (Super rapido a matar), in die Hand und warte im Dunkeln auf meine Chance. Beim Warten muß ich eingeschlafen sein.

Als ich gegen neun Uhr aufwachte, stand die Sonne hoch am Himmel. Meine Feindin saß mir gegenüber an der weißen Wand, wo sie reglos und kraftlos vom Summen und Saugen ihren Tagtraum träumte. Ich nahm die Dose und ermordete sie. Aber sie fiel nicht zu Boden. Vielleicht war es nur ein kleiner Fleck oder eine vertrocknete Mücke vom Vorjahr.

Am folgenden Abend habe ich alles gründlich eingesprüht, die Ecken und Decken, die Gardinen und ihre Schienen. Schwer lag der Mordgeruch in der Luft. Als ich nachts – schon aus Gewohnheit – wieder aufwachte, war es ganz still. Nicht einmal das zarte Stimmchen einer jungen Mücke. So von aller Kreatur verlassen zu sein, ist ein merkwürdiges Gefühl. Nur Menschen, keine Tiere, wie furchtbar wäre das!

In diesem Moment rief ein Käuzchen sein Ki-witt (was manche Menschen als den Ruf „Komm mit!“ verstehen und darum denken, daß der, der es hört, stirbt). Von weither antwortete ein Hund darauf mit undeutlich verwaschenem Geheul. Auf diesem Ton, der ebenfalls auf gleicher Höhe blieb, schlief ich ein.

Ferienwünsche

Für die Ferien wünsche ich mir nicht nur gutes Wetter, gute Laune und Erholung, sondern vor allem, daß mir etwas Neues begegnet: eine Landschaft, die ich zum ersten Mal sehe, Menschen, die anders leben und denken. Ich wünsche mir – von Gott her – ein

Wort, das zu mir redet, so daß mein Mut wächst und ich ganz übermütig diesem Wort mehr vertraue als mir selbst.

Zu Anfang der Ferien las ich eines Morgens in den Herrnhuter Losungen den Vers aus Psalm 119: „Herr, ich hoffe auf dein Wort."

Genau so war es, danach sehnte ich mich.

Doch es geschah nichts. Ich las und hörte viele Worte, aber sie berührten mich nicht.

Fast täglich liefen wir am Strand entlang. Wunderbar, diese großen unberechenbaren Atlantikwellen, wie sie auf den Sand schlagen und wie das Meer alles Wasser wieder einsaugt und so zurücknimmt, was ihm gehört.

Jede neue Welle brachte andere Steine und Muscheln, einige blieben liegen, andere rollten zurück. Immer wieder bückte ich mich und sammelte noch mehr von diesen herrlich glatten Marmorsteinen, die ich so gern in der Hand halte.

Und plötzlich dachte ich: So wie das Meer immer wieder neue Schätze an den Strand spült, so wird auch mir in meinem Leben immer wieder etwas Neues, Wunderbares, Nicht-Erwartetes zufallen – als Geschenk aus dem Reichtum Gottes.

Manchmal sind es ganz alltägliche Dinge, Wind und Wellen, die uns sagen: Sorge nicht, lebe aus Gottes Fülle und vertraue. So wie es in einem alten Lied heißt:

„Sing, bet und geh auf Gottes Wegen.
Verricht' das Deine nur getreu,
und trau des Himmels reichem Segen,
so wird er bei dir werden neu.
Denn welcher seine Zuversicht
auf Gott setzt, den verläßt er nicht."

In der zweiten Ferienwoche nahmen wir an einer ökumenischen Konferenz teil. Wir wohnten in einem kleinen Holzhaus zwischen Pinienhügeln, unser schönstes Quartier. Theologen aus vielen überseeischen Ländern trafen sich hier zu einer Konsultation. Mit einem afrikanischen Missionswissenschaftler unterhielten wir uns länger. Wir wußten, daß er aus einer muslimischen Familie stammte.

Ich fragte ihn: „Warum sind Sie als junger Mensch Christ geworden? Das war doch bestimmt schwer ... Es hat Sie von Ihrer Familie isoliert ..."

Er sagte: „Ich habe es mir lange überlegt. Ein Jahr lang. Aber ich wußte: In Christus ist für mich die Fülle des Lebens. Mit ihm hat mein Leben Sinn. Da weiß ich, wofür ich leben und sterben kann. Das hat mich so glücklich gemacht. Ich konnte gar nicht anders – und ich habe es nie bereut."

In Christus ist alles für uns da. Auch ich weiß, daß es so ist, aber manchmal vergesse ich dieses Glück. Anderes drängt sich in den Vordergrund. Und dann schickt Gott einen Menschen, der mich erinnert.

Vor unserer Rückreise wollten wir noch Porto sehen, die schöne Stadt am Douro. Aber die Altstadt war verwirrend, eng, heiß, schmutzig. Trotz eines Stadtplans verfuhren wir uns immer mehr, es gab nur wenige Straßenschilder. Nach einer Stunde waren wir wieder am Ausgangspunkt. Eigentlich suchten wir die berühmte Barockkirche.

Wir fanden sie dann auch – zehn Minuten vor Ende der Besichtigungszeit. Das viele Gold an den Wänden und Statuen erschlug uns: Gold, das aus den Kolonien kam. Gewinn aus dem Sklavenhandel nun zur Ehre Gottes! Welch eine Perversion! Und gerade diese Kirche war dem armen Franz von Assisi geweiht.

Ganz erschöpft gingen wir wieder ins Freie und setzten uns vor ein kleines Restaurant direkt am Fluß. Wir tranken ein kaltes Bier, frisch gezapft. Langsam kam wieder Leben in uns. Wie wunderbar war es, hier zu sitzen und auf den Douro mit den alten Segelbooten zu sehen. Von hier aus waren Missionare, Abenteurer und Forscher in alle Welt gezogen, auch Vasco da Gama, der 1498 als erster Indien auf dem Seeweg erreichte. Aus dem Innern des Lokals klang Musik, eine Bachkantate von einer Cassette. „Wohl mir, daß ich Jesum habe". Was für ein Tag!

Am Abend fuhren wir zu Clara und Manuel, die in einem Vorort von Porto wohnten. Sie hatten uns in ihr Haus eingeladen.

Dreimal Heraklion

In diesem Jahr war es eine Mittelmeer-Kreuzfahrt, die ich als Pastorin begleitete. Es gab viel zu tun. Elf Veranstaltungen in vierzehn Tagen sind eine Menge, dazu viele Gespräche mit den Passagieren. Aber nun hatten wir einen ganzen Tag auf Kreta. Die Bustouren ins Land waren ausgebucht, und Heraklion ist eine Hafenstadt wie jede andere. Unschlüssig stand ich am Ausgang des Pazifikdecks.

„Feiern Sie doch noch einmal Ostern!" sagte Karin, die Chefin der Touristik. „Die griechisch-orthodoxen Christen haben jetzt Ostern!"

„Gute Idee! Danke!"

Ich ging am Hafen entlang in Richtung Stadt und dachte: Gottesdienste und Andachten halten, von Gott reden, das ist wunderbar! Aber ich selbst brauchte es auch so sehr, von Gottes Freundlichkeit zu hören, seine Nähe zu spüren.

Es war früher Morgen, die Straßen noch fast leer. Plötzlich stand ich vor der Kirche des Hagios Titos. Der Gottesdienst hatte schon begonnen. Ich hörte die Gesänge und ging hinein. Auf dem schwarz-weißen Marmorboden lagen dicht gestreut Lorbeerblätter. Überall Kerzen. Der Priester stand vor der großen Ikonenwand, rechts und links Lektoren und Ministranten. Auf der linken

Seite der Kirche saßen die Frauen – meist alte, ganz in Schwarz. Rechts die Männer. Ich setzte mich neben eine alte Frau. Sie gab mir ein Zeichen, wann ich aufstehen und wann ich mich setzen sollte.

Außer „Christos" und „Halleluja" verstand ich fast nichts. Das Osterevangelium wurde gesungen, unterbrochen von liturgischen Teilen. Ein Priester trug die silberbeschlagene Bibel und den Kelch, über dem ein rotes Samttuch lag, durch die Kirche. Die Menschen standen auf und bekreuzigten sich. Und immer noch kamen neue hinzu. Sie stiegen ein in den warmen Strom der langgezogenen Gesänge, in das Halbdunkel, den Duft der Lorbeerblätter und des Weihrauchs. Immer mehr Kerzen wurden angezündet. Wir saßen und standen, beteten oder träumten vor uns hin.

Am Schluß erhoben sich alle und gingen nach vorn. Die Frau machte mir wieder ein Zeichen mitzugehen. In den großen Halbkreis der Gemeinde hinein rief der Priester: „Christos aneste!" (Christus ist auferstanden!), und die Gemeinde antwortete: „Alithos aneste!" (Er ist wahrhaftig auferstanden!) Dreimal dieses Rufen und Antworten. Und plötzlich war ich nicht mehr fremd, sondern ganz einbezogen.

Aus großen Körben wurde uns ein Stück Osterbrot gereicht, so groß, daß die Hand es kaum halten konnte. „Eucharisto!" (Danke!) Dazu ein rotgefärbtes Ei – Zeichen des Lebens.

Als wir vor der Kirche standen, brach die Frau noch ein Stück von ihrem Brot ab und gab es mir. Sie machte an meiner Stirn das Kreuzeszeichen und murmelte Worte, die ich nicht verstand. Sie segnete mich.

Ich dachte: Wer beschenkt wird, der kann verschenken, und wer gesegnet wird, segnen ... auch Fremde. Die Kraft der Auferstehung Jesu, die Freude darüber, öffnet Menschen. Noch lange spürte ich ihre Hand auf meinem Gesicht.

Zögernd ging ich weiter, das Brot in der Hand. „Schmecket und sehet, wie freundlich der Herr ist." Gottes Nähe war spürbar. Wie sehr Gott unsere Sehnsucht kennt und unser Bitten hört!

Später ging ich zum Schiff zurück und tauchte wieder ein in die Welt von teuer bezahltem Service und Luxus.

Beim Lunch an Deck traf ich Frau Wenz aus Stuttgart.

„Wie war Ihr Vormittag auf Kreta?" fragte ich sie.

„Ach, lassen Sie mich bloß mit Kreta in Ruhe! Ich bin betrogen worden! Viel zuviel hat er mir abgenommen für die dummen Ohrringe! Die Kreter mögen die Deutschen nicht. Ich hätte es wissen können. Ich hätte nicht gehen sollen. Am besten bleibt man auf dem Schiff. Aber da ärgert man sich dann über den Steward."

„Wieviel haben Sie denn bezahlt?"

„Dreieinhalbtausend Drachmen hat er genommen, statt zweieinhalb. Also acht Mark zuviel!"

„Na, das geht doch noch!"

„Heraklion ist schrecklich! Diese engen Straßen! Und die Autos! Wie die fahren! Dieser Gestank und Lärm! Man kann ja froh sein, heil wieder aufs Schiff zu kommen! Und dieser Dreck! Überall die weggeworfenen Dosen! Ich freu mich schon wieder auf meinen Garten daheim – da wächst kein Unkräutle, Sie!"

Später Nachmittag. An der Reling steht eine Frau, die ich noch nicht kenne. Aber ich hatte gesehen, wie sie mit dem Bus von Knossos zurückgekommen war. So fragte ich sie: „Wie war Knossos?"

„Anstrengend, aber eindrucksvoll! Dieser alte Palast des Minos, all die Räume – Warmwasserleitungen schon vor dreitausend Jahren ...! Aber wissen Sie, immer über Trümmer laufen! Ich hab nur Steine gesehen! Nichts von Land und Leuten. Nicht einmal einen griechischen Wein habe ich getrunken, und in drei Stunden legen wir ab. Nun ist es zu spät!"

„Überhaupt nicht! Wir haben doch noch Zeit! Wir könnten an Land gehen und in der kleinen Hafenkneipe da unten einen Retsina trinken und dabei aufs Wasser gucken!"

„Wir beide? Das würden Sie tun?“

„Warum denn nicht?“

„Wunderbar!“

Der Wein war billig und gut. Himmel und Meer färbten sich bereits rosa. Vor uns lagen ein paar Fischkutter, einer kam aus Heiligenhafen, meinem Heimatort. Es roch nach Seetang und Netzen. Taue lagen herum. Irgendwann gingen wir zurück. Frau Gänzer erzählte von alten Zeiten, als sie noch mit ihrem Mann reisen konnte.

Den restlichen Wein nahmen wir in der Flasche mit. Der Ober brachte uns einen Korken. An Bord tranken wir noch ein halbes Glas. Das Abendessen genossen wir unter freiem Himmel, der nun langsam grau wurde.

„Kreta“, sagte Frau Gänzer, „ist die schönste Insel, die es gibt! Finden Sie nicht auch?“

„Ja.“

Urlaub muß sein!

Wegen der Erholung? Ja, sicher. Aber es gibt wichtigere Gründe. Seit feststeht, daß wir am 3. September nach Kanada fliegen, liegen überall im Haus Zettel herum mit dem, was *vor* dem 3.9. noch alles erledigt werden muß. Und wenn wir nicht einige dieser Zettel verlieren, sehe ich schwarz! Denn auf weißem, grünem und gelbem Papier steht:

Obstbäume schneiden! Rasen mähen. Hecken kürzen. Werkstatt aufräumen. Fensterrahmen streichen. Gartenteich abdecken. Testament auf den neuesten Stand bringen. Tante Olga schreiben. Klaus einladen. Ute besuchen. Müllers anrufen. Uhr zur Reparatur. Schreibmaschine überholen lassen. Notruf für Kreditkarte notieren. Konten überprüfen. Kanadische Dollar. 24 Dosen Hundefutter. Ein Quadratmeter rote Fliesen nachkaufen. Klempner bezahlen. Zahnarzt. Termine für Oktober klären. ADAC-Reiseführer ... Kein schlechtes Programm für die wenigen Tage. Von Schreibtischarbeit und Kofferpacken ganz zu schweigen.

Aber dann – dann werden wir ins Flugzeug steigen und das wunderbare Gefühl haben: Die Werkstatt ist endlich aufgeräumt! Die Bäume sind beschnitten, die Fenster winterfest, und ab sofort setzt die Erholung ein. Geradezu leichtfertig überlassen wir Haus und Garten – wohlgeordnet – sich selbst und sind (so entspannt) ganz gespannt auf all das Neue.

„Daß Euch die Braunbären nicht fressen! Daß Ihr viel Schönes erlebt! Und daß Ihr heil wiederkommt!“ All die guten Wünsche! Lohnt sich ein Urlaub nicht schon deshalb?

Aber dann plötzlich – irgendwo zwischen Island und Kanada – überfällt mich der Gedanke: Habe ich das Wasser wirklich abgestellt? Ist das Licht aus? Die Tür abgeschlossen? – Zu spät! Was kann ich ändern? Ich spüle das ungute Gefühl mit einem Schluck Lufthansa-Rotwein herunter und merke, wie der Alltag mit wachsender Entfernung immer kleiner und unwichtiger wird. Wozu habe ich den Apfelbaum eigentlich beschnitten? Er trägt doch sowieso nicht!

Langsam kommt der Mensch – an dem die Pflichten zerren – wieder ins Gleichgewicht. Das einzige, was zählt, ist das Glück des Augenblicks. Aber wie gut, daß es den 3.9. gab, sonst wäre die Werkstatt auch heute noch nicht aufgeräumt, Bäume würden wuchern und Fensterrahmen verwittern. Ohne Urlaub geht es nicht!

Reisen ist schön

Reisen ist etwas Schönes – jedenfalls meistens. Da ist die Vorfreude, das Planen, der Abschied – all das hebt mich über den normalen Alltag hinaus. Ich freue mich auf das Neue, Ungeahnte, das mir begegnen wird. Natürlich ist das Unterwegssein auch gefährlich, aber doch nicht viel gefährlicher, als zu Hause zu bleiben!

Ganz anders, wenn die jüngste Tochter verreist, und die Reise gleich nach Amerika geht, in den Bundesstaat New York! Das Vorausdenken, Mitdenken, Umdenken, Nachdenken hat kein Ende. Wer will es mir verdenken? Schließlich hat eine Mutter das Sich-Sorgen zwanzig Jahre lang geübt. Nun kann sie es und zeigt es auch. Die guten Ratschläge verdichten sich, je näher der Abflugtermin kommt. Bis endlich – morgens kurz nach fünf Uhr – ein gnädiger ICE (Hamburg-Frankfurt) die Tochter von ihrer Mutter erlöst. Davor aber mußten noch schnell acht Paßfotos am Automaten gemacht werden für die noch abzuschickenden Bewerbungen. Ein blasses frühmorgendliches Lächeln. Ob eine der Hebammenschulen sie trotzdem nimmt?

Kurz vor der Abfahrt kommt Isabelle noch einmal auf mich zu: „Ich hab was für dich!“ Fast fürsorglich – nicht ohne Mitleid –

drückt sie mir einen kleinen weichen Teddy in die Hand, braun mit roter Schleife. Damit ich nicht so leer dastehe. Für ihren Vater genügt ein Kuß und eine Umarmung. Ein kurzes Kopfnicken, als er – wie immer – sagt: „Und denk an alles!" Der Zug fährt ab, und wir bleiben zurück mit dem noch etwas warmen Plüschwinzling in der Hand. Es ist wirklich besser als nichts.

Zu Hause setze ich ihn auf meinen Schreibtisch. Sein Blick sagt: „Ich kann auch nichts dafür!" Aber bevor ich ihm tiefer in die Augen sehe, treibt es mich in Isabelles Zimmer.

Endlich kann ich aufräumen und es so haben, wie schon immer ersehnt: mit leerem Papierkorb, glattgezogenem Bettüberwurf, nicht-klebrigem Tisch und ohne halb-verwelkte Blumen. Doch so geordnet wirkt es noch leerer. Leere Zimmer fallen einem auf die Seele; also beschäftige ich mich lieber mit dem vollen Wäschekorb. Nach all den Androhungen, Isabelles Jeans nun wirklich „zum letzten Mal!" für sie zu waschen, wasche ich sie nun besonders liebevoll, die T-Shirts werde ich bügeln und ihr in den Schrank hängen, was ich sonst nie tue. Ich habe einfach das Gefühl: Wenn ich hier alles gut mache, wird es Isabelle auch gut gehen mit dem Umsteigen, Finden, Einchecken ... Eine durch nichts begründete Logik! Inzwischen ist ihre Wäsche auf der Leine.

Gleich – in Frankfurt angekommen – wird sie ihren 32-kg-Koffer aus dem Zug zerren, nach der S-Bahn suchen und hoffentlich noch rechtzeitig am Flughafen sein. Wenn alles eingecheckt ist, will sie anrufen.

Wenn sie die US-Air überhaupt findet, ich erlebe gerade Frankfurt immer als sehr unübersichtlich und weitläufig. Natürlich hatte ich ihr vorher noch gesagt: „Also, *wenn* der Zug Verspätung hat oder einfach so auf der Strecke stehenbleibt (woran ich bei meinen Reisen nie denke, was aber schon vorgekommen ist!), *dann* gehe trotzdem noch zum Abfertigungsschalter. Und *wenn* es nicht mehr klappt, *dann* versuch, umzubuchen. *Wenn* du für morgen einen Flug kriegst, *dann* übernachte in Frankfurt. *Wenn* nicht, *dann* komm zurück. Du kannst jederzeit zu uns zurückkommen!"

„Mammie! Jetzt hör auf mit deinem ‚Wenn ... dann', es geht seit Tagen so!"

„Ja ... ich meine ja nur, *wenn* es anders kommt als geplant, *dann* ..."

„Ja, natürlich, dann stehe ich als hilfloses Baby mutterseelenallein in der Welt!"

„Ja!"

„Nein! – Das tue ich nicht! Ich werde sehen, was *dann* zu tun ist."

Noch acht Minuten bis Frankfurt, wenn der Zug pünktlich ist, dann sollte sie jetzt langsam mit dem schweren Koffer zum Ausgang gehen, um möglichst schnell zur S-Bahn zu kommen, die Zeit ist ja knapp.

Ach, ich will sie jetzt fahren lassen, sonst erdrücken meine Sorgen sie noch! Ich will lieber Gott bitten, daß er sie behütet und ihr auf diesen neuen Wegen neu begegnet – in all den Menschen und all dem, was sie erlebt.

Schließlich steht in der Bibel: „Alles werdet ihr empfangen, wenn ihr nur glaubt" (Matth. 21,22). Ich will glauben, daß wir alle miteinander in Gottes Hand sind und uns nichts aus seiner Hand reißen kann.

Also räume ich den Frühstückstisch ab, esse noch Isabelles liegengelassene zweite Brötchenhälfte – essen tröstet – und werde dann an meine Arbeit gehen, die seit Tagen liegengeblieben ist. Richtig, ich muß ja meine eigene nächste Reise vorbereiten, Referate, zwei Predigten für Namibia.

Aber ich bin das Arbeiten ja gewohnt und das Reisen auch, kein Grund, mir Sorgen zu machen. Und gerade das Unvorhergesehene weckt Phantasie und alle Kräfte. Reisen ist wirklich etwas Schönes.

Kleine und große Reisen

Ich weiß nicht, ob es am Wetter liegt oder an den Hormonen. Vielleicht begreife ich auch erst jetzt, daß Isabelle seit einer Woche in Amerika ist – und damit auch das letzte Kind unser Haus verlassen hat. Jetzt ist es leer. Und diese Leere legt sich mir auf die Seele.

Eigentlich sollte ich einmal wieder zum Zahnarzt. Aber heute? Ich telefoniere lieber mit ihm, das hält den Kontakt aufrecht und ist schmerzfreier. Zum Frisör müßte ich auch. Hemden wären zu bügeln, Briefe und Interviews zu schreiben. Der Rasen muß gemäht werden. Da ist der Frisör vielleicht die angenehmste Lösung.

Ich greife zum Telefon. „Ja, Sie können kommen. In einer halben Stunde wäre ein Termin frei." Ich bin etwas zu früh da. Nebenan ist das teure Modegeschäft, ich gehe „nur mal so" hinein. Es ist schon Sommerschlußverkauf. Links ein Ständer mit Blusen, alle um die Hälfte reduziert. Die dunkelblaue dort würde gut zu meinem grün-blau-gemusterten Rock passen. Wunderbar! Ein Glücksfall. An der Kasse sagt die Kundin vor mir zur Kassiererin: Geht Ihnen das auch so? Manchmal kann man sich selbst nicht leiden ... also heute!? „Ja, mir geht's auch so, wahrscheinlich bin ich urlaubsreif!"

Ich dachte: Wie tröstlich!

Beim Frisör werde ich freundlich begrüßt: „Möchten Sie hier Platz nehmen? Darf ich Ihnen einen Kaffee bringen? Etwas Milch dazu?"

„Ja, gern!"

Der Kaffee – frisch gekocht – tut mir gut. Die Mittagsstunden zwischen zwölf und zwei sind nicht meine Zeit. Ich greife zur „Brigitte" und finde im Rezeptteil einen guten Vorschlag für eine Scampi-Marinade. Die werde ich sofort ausprobieren. Die Zutaten sind leicht zu merken (Seite rausreißen geht nicht: zu viele Menschen und zu viele Spiegel!). Der kurze Haarschnitt sieht gut aus und hebt die Stimmung. Ich gebe der Frisörin etwas mehr Trinkgeld als sonst, damit auch sie sich freut.

Gegenüber ist der Reformladen, wo ich schon lange nicht mehr war. Ich könnte mir eigentlich ein paar Kürbiskerne und Fruchtschnitten gönnen. Man darf doch auch mal nett zu sich selbst sein! Schon erledigt.

Es nieselt bereits wieder, aber der Wind hat nachgelassen, und eigentlich ist der sanfte Regen angenehm im Gesicht. Mein Fahrrad, das mein Mann mir vor vielen Jahren einmal schenkte, fährt gut. Es hatte noch nie einen Platten. Zu Hause werde ich mich an meinen Schreibtisch setzen und ein bißchen arbeiten.

Ist das Leben nicht schön? Es kam mir von allen Seiten freundlich entgegen: Ich habe neue Klamotten, einen Kurzhaarschnitt und Kürbiskerne – was braucht ein Mensch mehr? Als ich die Haustür aufmachte, ging das Telefon.

„Möchten Sie wieder eine Kreuzfahrt begleiten? Sie wollten doch so gern nach Spitzbergen, ich hab solch eine Reise für Sie … im nächsten Juli!"

„Ja, gern, vielen Dank!" Und ich denke: Eigentlich hätte mir der kleine Ausflug zum Glück gereicht, und nun kommt noch ein großer dazu! Meine Seele fliegt über alle Wolken. Ist Reisen nicht wunderbar?

Wie schön ist es, wieder zu Hause zu sein!

Selbst ein Reihenhaus erscheint riesengroß – verglichen mit einem Wohnmobil, wo ich vom Bett aus den Kühlschrank öffnen, den Herd einschalten, abwaschen und Zähneputzen konnte. Ganz witzig, aber auch etwas nervig – nach drei Wochen Regen! Hier, in meiner kleinen Küche, scheinen Herd und Kühlschrank Meilen voneinander entfernt zu sein. Micha hat für uns eingekauft und Spaghetti gekocht. Lucy, unsere Jack Russel Hündin, überschlägt sich vor Freude, daß es uns noch gibt, und im Garten hängen die schwarzen Brombeeren schwer von den Zweigen.

Auf meinem Schreibtisch liegt die Post schön gestapelt einen halben Meter hoch. Unglaublich, wieviele Menschen an mich gedacht haben, während ich alle und alles – wie es sich im Urlaub gehört – vergessen habe. Aber nachdem Werbung, Drucksachen und Zeitschriften aussortiert sind, ist der Rest schon übersichtlicher. Ich freue mich über die vielen Briefe und bin gespannt, was sie sagen. Einige wollen schnell Antwort. Wie schön ist es, wieder am Schreibtisch zu sitzen!

Ein Bekannter möchte den Text des Liedes: „Wie Gott mich führet, will ich gehn. Er wird, was gut ist, wählen. Hat, was mir nützt vorhergesehn, und das kann mir nicht fehlen ...“ Ich suche und finde alle Strophen in einem alten schleswig-holsteinischen Gesangbuch von 1870. Ein gutes Wort auch für den neuen Arbeitsbeginn in Hamburg.

Andere Freunde schreiben Ansichtskarten, die uns mitteilen, daß auch in Frankreich das Wetter durchwachsen gewesen sei und im Harz nicht gerade phantastisch. Warum also den kanadischen Dauerregen beklagen? So etwas kommt eben vor. Nur am Abreisetag war der Himmel wolkenlos blau; ein Grund, viele Fotos zu machen. Diese Bilder werden allen, die sie anschauen, suggerieren, daß der September in Kanada sonnig ist, eben ein „Indian Summer“, der ja auch uns verführt hatte. Wobei doch jeder weiß, daß damit die Gelb-Rotfärbung der Ahornblätter gemeint ist! Aber ich finde: zu Ferien gehört auch, daß manches anders kommt. Nur so haben Humor und Phantasie eine Chance! Als es am zehnten Morgen immer noch regnete, öffnete Isabelle die Wohnmobiltür, sah den Himmel und meinte (ganz im Sinne Loriots) „Und wieder ein frisches Mausgrau!“

Aber die Weite und Schönheit der Landschaft haben uns gutgetan. Als ich am folgenden Tag zum Einkaufen fahre, habe ich noch soviel Schwung, daß es mir schwerfällt, an den roten Ampeln wirklich zu halten. Im Supermarkt weiß ich nicht mehr, wo das Salzgebäck steht. Die Schlange vor der Kasse macht mich kein bißchen nervös. Der Tag hat ja noch viele Stunden! Und die Kasse ist doch in Sicht.

In Kanada gibt es größere Entfernungen. Und während ich warte, sehe ich noch einmal die endlosen Wälder und Flüsse vor mir, die Bergketten und Canyons. (Ein Stein davon – und viele andere Steine – liegen jetzt auf meiner Fensterbank.) Die Menschen waren freundlich, ohne Eile. Wer viel Platz hat, ist weniger aggressiv. Und geringere Ansprüche bedeuten weniger Streß.

„Wie bitte?“

„Sie sind dran!“

„Ach so, danke!“

„Ich habe es nämlich eilig!“

Mir scheint, ich bin wieder zu Hause. Wie schön!

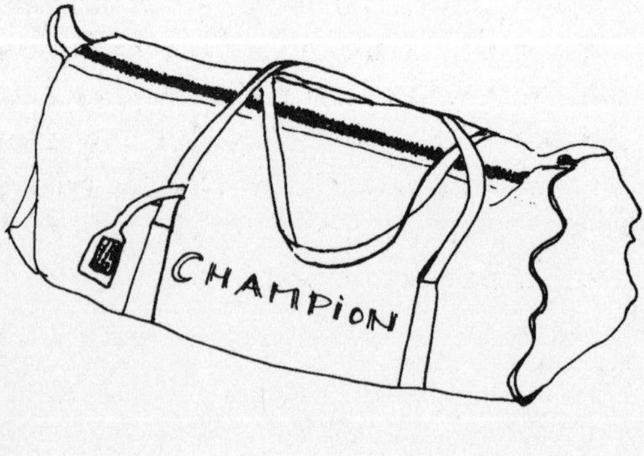

Weitere Bücher von Hanna Ahrens

Das Leben leise wieder lernen

100 Seiten, gebunden
Bestell-Nr. 3-7655-1604-x

Schicksalsschläge treffen uns meist unvermutet. Plötzlich ist nichts mehr wie früher. Was tröstet und hilft in der ersten Zeit nach Verlust, Trennung oder Verlassensein? Und was hilft – später dann –, das Leben leise wieder zu lernen? Frauen berichten in diesem Buch über ihre Erfahrungen und sagen sehr offen, was ihnen geholfen hat, wieder Fuß zu fassen. Sie tun es in der Hoffnung, anderen damit Mut zu machen, weil sie erlebt haben. Wer sich aufmacht, hat Gott an seiner Seite.

BRUNNEN
VERLAG GIESSEN